季刊 考古学 第24号

特集 土器からよむ古墳社会

- ●口絵(カラー) 集落と土器―大阪府四ツ池遺跡
  - 古墳と土器―大阪府切戸古墳群
  - 須恵器の窯跡―大阪府千里窯跡群
    - 福岡県牛頸窯跡群
  - 祭祀と土器―静岡県伊場遺跡
- (モノクロ) 古墳と土器―福岡県岩長浦古墳群
  - 集落と土器―奈良県布留遺跡
  - 初期の須恵器(陶質土器)
  - 須恵器と土師器の手法

土師器と須恵器 ──────中村　浩・望月幹夫 (14)

古墳時代の土器の変遷

　弥生土器から土師器へ ──────関川尚功 (18)
　須恵器の登場 ──────小田富士雄 (24)
　土師器の編年 ──────望月幹夫 (29)
　須恵器の編年 ──────中村　浩 (35)
　古墳時代末期の土器 ──────小笠原好彦 (41)

土器の生産と流通

- 古墳と土器 ———————————————— 土生田純之 (45)
- 集落と土器 ———————————————— 置田雅昭 (49)
- 渡来人の移住と模倣土器 ————————— 酒井清治 (54)
- 古墳の成立と土器の移動 ———————— 加納俊介 (58)
- 須恵器の窯跡群 ——————————————————— (62)
  - 東日本(伊藤博幸)　近畿(藤原　学)
  - 中国・四国(松本敏三)　九州(舟山良一)
- 土師器研究の標識遺跡 ———————————————— (77)
  - 東日本(松尾昌彦)　西日本(古谷　毅)
- 参考文献 ———————————————— 冨加見泰彦 (83)

最近の発掘から

- 大量の木製品を伴う方墳　奈良県四条古墳 ———— 西藤清秀 (89)
- 導水施設を伴う古墳前期の集落跡　奈良県纒向遺跡 —— 萩原儀征 (91)

連載講座　日本旧石器時代史

- 9. 後期旧石器時代のくらし (2) ———————— 岡村道雄 (93)

書評 ———————————— (99)
論文展望 ———————————— (102)
報告書・会誌新刊一覧 ———— (104)
考古学界ニュース ———————— (107)

表紙デザイン・目次構成・カット
／サンクリエイト

集落と土器──大阪府四ッ池遺跡

堺市四ッ池遺跡は標高11m前後の低位段丘面およびその縁辺に広がる石津川氾濫平野に営まれた南北1km,東西600mの,弥生時代を中心に縄文〜歴史時代にわたる集落遺跡である。昭和58年に調査が行なわれた写真の第83地区からは古墳時代の竪穴住居跡5棟,土壙墓1基,自然河川をはじめ弥生時代の建物跡1棟,ピット群,溝,土壙などが検出された。遺物には土師器（庄内,布留,深田式）,須恵器,石製品,土製品などがみられる。わが国最古最大の須恵器窯跡群の陶邑製品を搬出したとみられる石津川の河口に位置し,また対外交渉の一端を示す朝鮮半島との交渉を示す遺物も採集されており注目される。なお最近隣接地でも初期須恵器多数が出土している。

▲遺跡全景（第83地区）
▲半島系の須恵器
▶初期須恵器
▼土師器

構　成／樋口吉文・中村浩
写真提供／堺市教育委員会

古墳と土器——大阪府切戸古墳群

羽曳野市駒ヶ谷の切戸古墳群は鉢伏山から西に延びる尾根の南側中腹に1号墳、そこから約40m離れた所に2号墳がある。ともに直径12〜14mの円墳で、南に開口する右片袖の横穴式石室を有している。

1号墳では原状を保ったままの鉄釘・鎹の大きさや付着していた樹種の違いから2体分の木棺が復元される。主な遺物には多数の土器・鉄器（馬具・武器）・金銅製品などがある。土器は袖部に土師器、奥壁部に須恵器が集中し、とくに土師器には珍しい子持脚付壺がある。肩部四方に小坩を付けた器高30cmにもなるものである。

▲切戸古墳群全景（上が1号墳、下に2号墳）

▲1号墳遺物出土状況（上が入口）

◀1号墳出土土器

▼2号墳出土土器

2号墳の出土遺物には須恵器の長頸壺・平瓶や土師器の提瓶・脚付坩などがある。またミニチュアの炊飯具形土器（竈・甑・釜）も出土していることから渡来系氏族が葬られていたと思われる。なお両古墳が築造された時期については須恵器の編年などから6世紀後半ごろと考えられる。

構　成／吉澤則男
写真提供／羽曳野市教育委員会

須恵器の窯跡

大阪府千里窯跡群・福岡県牛頸窯跡群

大阪府北部の千里丘陵に位置する千里窯跡群は、5世紀末から生産が開始されたと考えられていた。ところが昭和60年度の調査でこれをさらに遡る初期須恵器の窯跡・吹田32号窯跡が発見された。地下式登（窖）窯で、出土した土器には器台・甕などがあり、初期須恵器の様相を備えている。

一方、福岡県大野城、春日、太宰府市の丘陵には九州最大の須恵器窯跡群である牛頸窯跡群が位置する。窯は6世紀に操業が開始され、奈良・平安時代には大宰府への供給基地として栄えた。　　構成／中村　浩

▲吹田32号窯跡全景
　（全長4.5m前後、
　　幅1.4m前後）

◀初期須恵器の器台
　（鋸歯文、斜格子
　　文がみられる）

▲吹田32号窯跡（大阪府吹田市）の平面形

▲小田浦D-1号窯跡（福岡県大野城市）の全景
　全長15.2m、幅2.8m前後の登（窖）窯。煙道部
　に独特の煙出しの孔を穿ち、排水溝へと連なる。

▶平田D-1号窯跡（福岡県大野城市）出土須恵器
　残存長12m、幅2.2mの地下式登（窖）窯。灰原から甕
　片で蓋をした蓋坏が20セット前後まとまって出土した。

写真提供／吹田市教育委員会・大野城市教育委員会

祭祀と土器
静岡県伊場遺跡

浜松市伊場遺跡の古墳時代の集落からは祭祀遺構が2ヵ所で見つかっている。写真の祭祀遺構は柵列が一辺約6mの方形に巡り，その中央から土師器の坏，高坏，壺，手づくね土器，須恵器の坏，石製模造品などがまとまって出土した。どのような祭祀が行なわれていたかはわからないが，おそらく集落全体に関わる祭祀の場であったと思われる。竪穴住居跡出土の土器と比較すると，器種構成のちがいがよくわかる。

▲古墳時代祭祀遺構出土土器

▲柵で囲まれた古墳時代祭祀遺構

▲古墳時代第10号住居跡

◀古墳時代第14号住居跡出土土器

構　成／望月幹夫
写真提供／浜松市博物館

古墳と土器——福岡県岩長浦古墳群

福岡県宇美町井野の岩長浦古墳群は、観音浦古墳群とともに宇美川西岸の尾根上に位置する古墳群であり、2群に区分され11基で構成される。同群のIW1号墳は径15m前後の円墳で、横穴式石室を主体とする。大半が盗掘をうけていたが、玄室部からまとまって須恵器・馬具などの遺物が出土した。

構　成／中村　浩
写真提供／宇美町教育委員会

▶IW1号墳石室の全景

▲羨道部の遺物出土状態

須恵器には蓋坏，高坏，提瓶，平瓶，台付長頸壺などがあり，3段階以上の型式差がみられる。

▶馬の箆描きのある提瓶

器高18.3cmで，馬の背には人あるいは御幣状の線刻がある。全体的には九州地方にみられる装飾古墳の壁画に似ているともいわれる。

集落と土器——奈良県布留遺跡

天理市布留遺跡は、布留川流域の布留地区を中心に展開した遺跡群の総称で布留式土器の標識遺跡であり、現在も調査が断続的に行なわれている。居館址、住居址、墓址、大溝などが発見されており、土器・木器をはじめとして遺物も多く、近接する石上神宮や古墳群も含めて、集落の構造と変遷の解明が期待される。

　構　成／置田雅昭
　写真提供／埋蔵文化財天理教調査団

▲布留地区の竪穴住居と土師器焼成土壙（5世紀中葉）
土師器焼成土壙には灰と灰にまみれた小型壺があった。

▶杣之内（山口方）地区の土壙（3世紀後半）
湧水点を掘った土壙で、水汲み場であったらしい。下層に木器が、上層に完形品を含む多量の土器が捨てられていた。

▲杣之内（木堂方）地区の居館跡
　（5世紀後半〜6世紀前半）

▲杣之内（木堂方）地区の上層竈に伴う一括土器
　（6世紀後半）

初期の須恵器
(陶質土器)

構 成／中村 浩

須恵器は朝鮮半島から渡来した技術者によって生産が開始されたと考えられている。当然その初期の技術や形態，文様には彼らの故国での陶質土器と似た状況がみられる。やがてこの傾向はみられなくなり，須恵器の日本化が進展していくのである。

写真提供／長崎県立国見高等学校考古学研究部
甘木市教育委員会・堺市教育委員会

1段目：長崎県国見町上篠原遺跡
2段目：福岡県甘木市古寺墳墓群
3段目：福岡県甘木市池の上墳墓群
4段目：大阪府堺市四ッ池遺跡

須恵器と土師器の手法

須恵器はミズビキ，回転ナデ調整，回転カキ目調整，回転ヘラ削り調整など，ロクロの使用が特徴的であるが，手持ちあるいは静止状態で施文，調整する場合もある。また叩き板を用いる場合も多く，平行，格子，円弧などの叩き目がみられる。一方土師器の製作にロクロが使われることはほとんどない。基本的には叩き，ハケ目，削りで調整し，仕上げにナデ，ミガキを施す。文様はほとんどないが，古い段階には縄文，櫛描文がある。なお底部に籠目，木葉痕を残すものもある。

構　成／中村　浩・望月幹夫

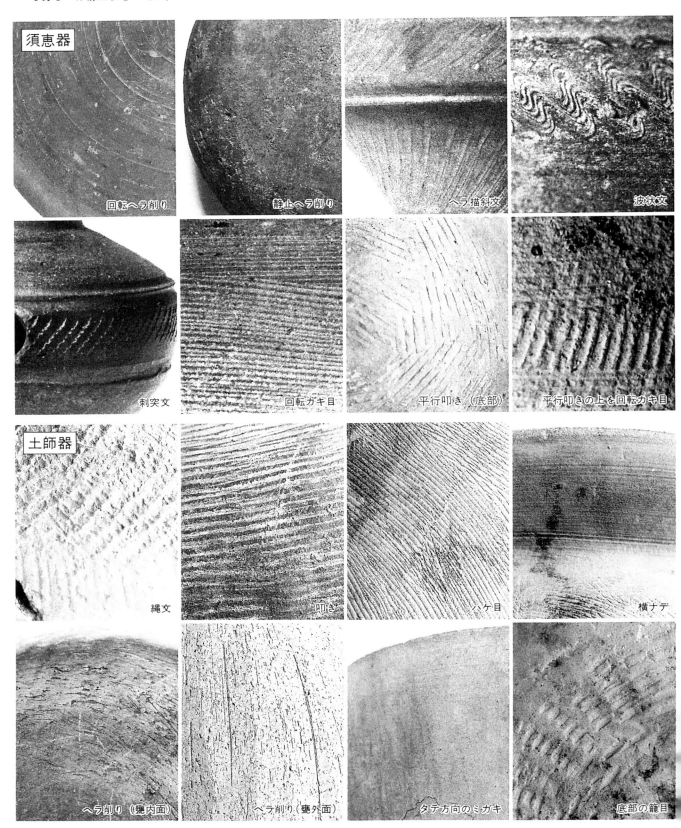

季刊　考古学

特集

土器からよむ古墳社会

特集 ● 土器からよむ古墳社会

土師器と須恵器

中村　浩・望月幹夫
（なかむら・ひろし）（もちづき・みきお）

土師器と須恵器はその系譜を異にし，全く異なる生産形態をとっていたが，その後両者は互いに影響を与えながら変遷をとげた

1　古墳時代の土器

　古墳時代の土器には土師器と須恵器がある。土師器は弥生土器の系譜をひく素焼の土器であり，須恵器は5世紀に新たに伝えられた，朝鮮半島の陶質土器の系譜をひく土器である。須恵器は，最初は大阪の陶邑を中心とした限られた地域でしか生産されず，古墳から発見されることが多いことでもわかるように，祭祀との関わりが強い土器であった。須恵器の登場とともに土師器はその性格を変え，祭祀的要素がうすれ，日常の什器として平安時代まで使われることになる。須恵器は全国に窯がつくられるようになるにつれて日常の什器としての性格を強めていく。両者は互いに影響を与え合いながら独自の道を歩んでいったのである。

　土師器も須恵器も研究が本格的に行なわれるようになったのは戦後のことであり，古墳時代の研究の中では遅れていた。しかし，それだけに，今後の研究の成果が期待されるのである。

2　土師器の性格と系譜

　古墳時代の赤色の素焼土器を当時の人がなんと呼んでいたかはわかっていない。これに「土師器」という名を与えたのは三宅米吉氏が最初であろう。氏は，平安時代の『延喜式』の中で素焼土器を呼ぶのに使われていた土師器という名称を古墳時代にさかのぼらせて使用したのである。その後，高橋健自氏，後藤守一氏らもこの名称を使用したために，広く学界に定着することとなった。

　また，杉原荘介氏は，土師器にかえて「土師式土器」と呼ぶべきであるとし，土師式土器の使われた時代を「土師時代」と呼ぶことを提唱した。縄文式土器，弥生式土器という呼び方に整合させ，土器による時代区分で一貫性を貫こうとしたわけである。しかし，氏が亡くなられたこともあって，この考え方は進展していない。

　須恵器の生産が専門の工人によって行なわれていたことは確実である。これに対し，土師器の生産については不明な点が多い。以前，高橋健自氏は，土師器は土師部が製作した土器であるとの解釈を示したが，現在では信じられていない。

　須恵器の製作には轆轤が使われたが，土師器の製作に轆轤が使われるのは歴史時代になってからであり，古墳時代にはまだ回転台を使用している。その製作に専門の工人が関わっていたかどうかは不明であるが，この時代においては小地域ごとに必要に応じてつくられていたと思われる。土器作りに女性がどの程度関わっていたのかも興味ある問題であるが，今後の課題である。

　東日本においては，大規模な調査に伴い，集落をほぼ全掘するような調査がしばしば行なわれている。そのような例を見てみても，土師器の生産に関わる工房跡や窯はまず発見されないのである。たまに，地面を浅く掘りくぼめ，中に焼土がたまった遺構が検出されることがある程度である。特別な構造の窯を必要としないということは，手軽につくることができたということでもある。また，焼成遺構がほとんど検出されないということは，一度に大量の土器を焼くことをしなか

ったとも考えられ，その生産の単位が小さかった
と考えられる。

なお，土師器は明らかに弥生土器の系譜をひい
ているが，小型丸底土器の出自については朝鮮半
島の影響も考えられ，問題を複雑にしている。

3 土師器研究の課題

土師器の編年については別稿に譲るが，編年の
大綱についてはほぼ定まっていると考えてよいで
あろう。問題はその細分と実年代の比定であり，
各地域で行なわれた編年の整合性である。前期の
土師器の編年については，古墳時代の開始の問題
とあいまって，盛んに行なわれている。それに対
して後期の土師器の編年は，西日本では資料が比
較的少ないこともあって，遅れているといってよ
いであろう。

実年代の比定にはしばしば須恵器が使われる。
関東地方では和泉式土器，鬼高式土器の年代を，
伴出した須恵の年代から考えようとする傾向が
ある。窯跡での編年観を消費地での土師器の年代
にストレートに結び付けるのは，須恵器の出土量
の少ない地域では慎重にした方がよいと思うのだ
がいかがなものであろうか。

生産と消費の問題についてみれば，須恵器の場
合は窯の数が限られているので，供給された範囲
を知ることは比較的容易であるといえよう。とく
に，最近盛んに行なわれている蛍光X線による胎
土分析は，この問題を考える上で重要な手段とな
っている。

土師器の場合にはこの分析方法がどの程度有効
性をもつかまだわかっていない。もし，自給自足
体制がかなり進んでいれば，各集落ごとの個性が
みられるはずであり，近くの集落の土器と比較検
討することによって，生産と供給の問題を解く手
がかりが得られるであろう。

集落で検出される土器を調べると，よそから運
ばれてきたと考えられるものが見つかる場合があ
る。弥生時代後期から古墳時代前期にとくに多い
ようである。本特集の中でも，加納俊介氏が東海
西部系土器の場合について論じている。

土器の移動といっても，例えば，畿内の土器が
北九州や関東のような離れた地域で見つかる場合
と，同じ畿内の中での比較的短距離の移動とがあ
り，その意味あいは異なって当然である。婚姻，
交易，移住，征服など，さまざまな解釈が可能で

あるが，この問題は土器の製作地を確実におさえ
ることが前提であり，その意味でも産地分析は重
要である。

産地分析については蛍光X線分析だけでなく，
胎土の肉眼観察や，顕微鏡による岩石学的観察も
怠るべきではない。

いずれにしても，弥生時代から古墳時代にかけ
て，各地で土器が移動するという現象の解明は，
古墳時代の成立の研究に大きな手がかりを与える
であろう。

集落と土師器については最近興味深い調査が行
なわれている。

群馬県中筋遺跡は榛名山二ッ岳の噴火で全滅し
た集落で，調査の結果，竪穴住居4棟，平地式建
物3棟，畠，祭祀跡などが検出された。4棟の竪
穴住居は近接して存在し，これらを取り囲む周堤
が存在した。住居内を調査したのは1棟だけだ
が，そこから坏2，小甕1，長胴甕1，甕残欠1
が検出された。調査者は，噴火が秋の収穫後らし
いこと，平地住居にも竈があること，竪穴住居が
土屋根，塗り壁であること，竪穴住居の土器が非
常に少ないことなどから，平地住居を夏の住居，
竪穴住居を冬の住居と考えられた。大変興味深い
説であるが，他の3棟の竪穴住居がどのような土
器を持っていたのか気になるところである。住居
の機能，単位集団の構成，集落の構造などを考え
る上で，このような集落での土器出土状態は大い
に参考になると思われる。

また，群馬県三ッ寺遺跡の調査以後，居館跡と
考えられる遺構が相次いで発見されている。居館
跡と古墳の関係もさることながら，他の一般集
落，祭祀遺跡での土器との比較研究もこれから進
めていかねばならない問題である。

土師器は古墳からも出土するが，集落に比べれ
ばその数は少ない。前期，中期の古墳では，墳頂
部や周溝から発見されることが多く，主体部内に
おかれることは少ない。後期になると須恵器の副
葬が盛んになり，土師器はその数を減じる。古墳
の年代を考える上で，土師器は重要な役目を果た
すのであるが，その出土状態については十分注意
しておく必要がある。長野県森将軍塚古墳は極端
な例としても，一古墳に数個の埋葬施設がみられ
る例は少なくない。そうした場合，墳頂部で葬送
儀礼に使用されたと考えられる土器が出土して
も，それがどの埋葬主体に伴うものであるかを確

認しなければならない。周溝から出土した場合も，それが最初から周溝にあったのか，墳丘から転落したものか，後から投げ込まれたものかなど，解決しておかなければならない問題は多いのである。そうした手続きを経て，土師器は古墳の年代決定の資料となりうるのであり，葬送儀礼の復元にも役立つことになるのである。

ところで，古墳から出土する土器には，穿孔が施されている場合が多い。焼成前の場合と焼成後の場合があるが，仮器を意識した行為と考えられている。焼成前の場合は葬送儀礼用につくられたと考えられるが，焼成後の場合は日常使用していた土器を転用したものか区別がつかない。転用であれば集落出土の土器と同じ編年観を与えられるが，儀礼用に特別につくられた場合は問題があるとするむきがある。それは，葬送儀礼のような場合には古い伝統が根強く残っていることも考えられ，同時期の日常土器よりも古い要素が土器に残されるのではないかという疑問である。そのようなことはないと言い切れれば別であるが，そうでなければ，古墳から出土する土器の年代には注意が必要であろう。

さて，土師器が発見されるのは日本国内だけではない。最近韓国の慶州市で土師器と石釧が発見されて話題になっている。筆者も実見する機会を得たが，これが確実に日本から持ち込まれたものであれば，前方後円墳の問題などとともに，朝鮮半島との交流に新たな問題を投げかけることになるであろう。古墳時代の研究に土師器の果たす役割は大きいといえる。 　　　　　（望月幹夫）

4 須恵器の性格と系譜

須恵器の登場は従来の土器，すなわち土師器とは異なる性質をもち，全く異なる生産形態をとっていたと考えられている。むろん両者ともに土から化学変化によって全く異なる物質を作り出すという点では軌を一にするものである。

土師器が縄文，弥生土器以来の伝統的な手法によって作られてきたのに対し，須恵器は朝鮮半島から伝えられた，あるいは渡来した工人によって生産が開始された外来の手法によって産み出されたものである。したがって各々の前史をたどるには，全く別の系譜をたどらねばならない。すなわち古くは中国大陸の灰陶にはじまり，朝鮮半島の陶質土器などにも，須恵器の系譜をたどることが

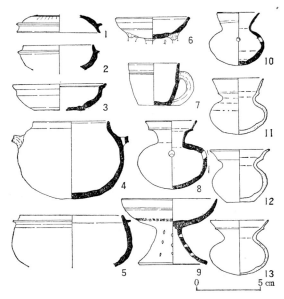

初期須恵器（1〜10）と土師器（11〜13）
1〜7：堺市四ツ池遺跡，8〜13：堺市小阪遺跡

できると考えられている。

しかしわが国のように常に外来文化の影響にさらされている地域性を考慮にいれるならば，ことさら須恵器のみが外来要素を採り入れていたとばかりはいえないのではないだろうか。朝鮮半島で検出される陶質土器の形状がわが国では土師器のそれとして確認される場合があり，これらの現象は土師器づくりに外来要素が加わっていたことを示すものとして重要であろう。

ところでわが国の最初の陶質土器の伝播は，製品の輸入と考えられており，時期的にも当然その時期よりは後出段階のものである。しかしその時期の開きがどの程度のものであるのかは不明である。この製品の輸入は，後に来るべき生産開始に大きな影響を与えたと考えられる。すでに全国各地で確認されている外来土器，とくに陶質土器は多数例にのぼっているが，それらの輸入時期の厳密な推定が行なわれた後に，考察されねばならない問題であろう。

また北九州をはじめとして，いくつかの地域で初期須恵器の窯跡が確認されている。それらに対して発掘調査などの本格的な研究のメスが入った訳ではないので，詳細な観察が実施されていないことは否めない。そこで採集される須恵器は，必ずしも陶邑をはじめとする窯跡で確認されている遺物と形状手法などが同一ではないものも見られるという。これらは須恵器生産開始後短期間では

あるが，一部地域の生産地に見られる状況と近似するものと考えている。ただしこの異なる系譜が渡来者の渡来時期に差異があるのか，あるいはその故郷に差があるのかなど，現状では未解決な問題は多く残されていることを認めざるをえない。

須恵器生産が開始されて以来の土師器にあっては，須恵器模倣のものが多く見られる。一方，須恵器の器形のなかにも土師器でよく見られる手法を駆使して作られているものや，形状が土師器に一般的なものも認められる。これらは須恵器と土師器の工人相互の交流があったことのあらわれであると考えられる。

いずれにしても須恵器は，土師器と比較して大きく異なる点は，専門の生産工人によって作られていたということである。須恵器の製作にはロクロが大抵の場合は使用されている。さらに専用の窯を用いていることも従来の土師器とは異なる。窯は丘陵の斜面を利用した登り窯であり，そこでは大量の製品を一度に焼成することができ，また還元焔焼成によって高温による焼き締めが可能となった。反面，これらの条件にあった場所の選定，材料の吟味など，これまでに考えられなかった条件整備も課題としてあったものと考えられる。

須恵器生産は専門工人，専用窯，材料などの条件が充分に整備されてはじめて生産が開始される。この点は，集落あるいは特定の範囲での需要供給関係に生産の基礎をおいてきた土師器の場合と大きく異なる部分である。この条件は，現代のわれわれが，各遺跡から出土した須恵器のその生産地を推定することを可能にした。当然のことながら，各生産地では墳墓，住居，祭祀などさまざまな用途をひかえた各地域の消費地を対象として生産が行なわれてきた。形態，手法に時期あるいは作者，産地の特徴を反映させることができる。すなわち，この特徴は時期的変遷をあとづけることが可能となる。この点は須恵器，土師器ともに集落跡，古墳などの遺構から例外なく見つかることもあり，型式編年の発展を支えてきたのである。

5 須恵器研究の課題

須恵器のもつ特徴について少々くどくなったが記述してきた。これによって大体の須恵器研究の方向性については理解されたのではないかと思う。この前提にたって今後の須恵器研究が課題とする，あるいはすでにしている問題について簡単に述べ，本稿での責を閉じることにしたい。

まず従来の須恵器研究が型式編年に大きく偏っていたということがある。それも陶邑あるいは東山，猿投窯跡群というわが国を代表する遺跡での成果が，いちはやく公開されたこともあり，またたくまに全国を席巻したといっても過言ではない。しかし，須恵器が既述の如く充分に整備された条件のもとに操業されていたとしても，そこには人間が居り，その意識に反映がある。地域性が自ずから出されてくるのである。その時期が生産開始当初からなのか，あるいは一定の時間を経てからなのかはわからない。いずれにしても地域性は今後，地域的な細分化などを進めていくためには避けがたい問題となろう。この克服のためには地方における須恵器需要の状況あるいは生産地との関係などの検討が不可欠であろう。

また時期的にも研究の対象が初期須恵器を含めて偏っていることも問題である。すでに明らかなように須恵器生産は，平安時代あるいは系譜を引くものとしては鎌倉時代以降まで連綿と連なっている。この期間のどの部分でもおろそかにすべきではない。近年の状況は，地域，時期の偏りが大きいように思えてならない。

また須恵器が本来持っていた容器としての問題がある。これは型式編年とは別の問題である。例えば陶邑での生産器種の変化を見ると，初期には甕，壺という貯蔵用容器が多く作られ，やがて時期の下降とともに，蓋坏，高坏などの供膳用容器の占める割合が大きくなるという状況がある。古墳での副葬品に占める須恵器の量も大きいものがあるが，果たしてそれらの須恵器が，すべて死者への供献品そのものだろうか。あるいは供献品を盛るための容器ではなかったのか。とりわけ須恵器の埋葬位置が棺内，棺外壙内，壙外，周濠，墳丘など各々用途が異なっていたと考えられる問題はまだ緒に着いたばかりである。

さらに須恵器の系譜の問題では，まだ朝鮮半島での状況把握が充分とはいえない。これは韓国での調査の進展を待たねばならないが，その相互の検討を可能にするだけの蓄積を今こそ充分にしておかねばならないと考えている。陶磁器の歴史といえば須恵器にはじまるといわれながら，必ずしもその評価は一定しないように思える。考古学の殻に閉じ籠らず，他の広い分野との関係強化へ飛び立つ段階にもきているのである。　　（中村　浩）

特集 ● 土器からよむ古墳社会

古墳時代の土器の変遷

土師器と須恵器はどのように誕生したのだろうか。そして古墳時代400年の間に2つの土器はどのような変遷をとげただろうか

弥生土器から土師器へ／須恵器の登場／土師器の編年／須恵器の編年／古墳時代末期の土器

弥生土器から土師器へ ────────── 関 川 尚 功
橿原考古学研究所
（せきがわ・ひさよし）

布留式の成立は大和での大型前方後円墳の出現時期とほぼ合致することから，同式をもって土師器の始まりとするのが適切である

弥生時代の終末から古墳時代にかけての土器については，近年各地で編年もかなり整備され，また地域差についてもしだいに明確になってきた。このような各地の土器の編年関係は，基本的な序列関係においては大きな変化はないように思える。しかし，たとえば弥生土器と土師器の区別をどこに設定するか，ということについてはまだかなりの相違が認められるようである。このような区分は時代の評価に対する認識をそのまま表現するため，今後解決しておかなくてはならないいくつかの問題の一つのように思われる。しかもこの時代は初期国家の成立にも係わる時期であるため，とりわけその検討が必要とされるわけである。そこで畿内，とくに大和を例にとってこの問題について簡単に述べておきたい。

この時代の畿内の土器編年の概略はほぼ確定しつつある。とくに大和，河内地域の編年についてもその基本的な序列についても大きな違いは認められない。細部の相違は単に資料の不足に起因することが多いため，今後公表される資料が増加することによって補正は可能であるからである。ただ，さきに述べたような土器の編年の細分案，さらに時代区分，つまり第5様式と庄内式，また布留式をどこでもって区別するかという問題にお

いてはなお見解の相違が認められるようである。それは多分に各人の時代認識と深く係わる性質のものであるため，それぞれの見解の相違が各細分案に反映しているためであろう。

1　庄内式土器の位置づけ

庄内式土器を弥生後期から布留式に至る間での流れにおいて，どのように評価するものかという問題がまず存在する。今までよりこの時期の土器を「古式土器」と呼称し，定型化以前の土師器としてとらえる考えも多い。ここでは従来からの私見をまた述べておきたい。

まず庄内式土器の様相について，今まで知られている基本的事実をいくつか確認しておきたい。庄内式土器は他地域の同時期の土器群も含め，その内容は弥生後期の土器の基本形態を踏襲している。したがって各地域の土器群は弥生中・後期のようにかなりの地域差が認められ，それとともにその分布圏も弥生後期のそれと基本的に同一であることは周知の通りである。畿内でいえば，庄内期にも弥生後期の甕はそのまま存続し，多くの地域においては庄内末期に至るまで認められる地域が多い。庄内甕についても当初は大和と河内の一部で生産されているわけで，畿内各地で

本格的に生産されるのはそれ以降出現するハケ調整を主体とする甕Cの段階である。また各器種においても広口壺，二重口縁壺，高杯など後期の土器の系譜を引く土器群が継続し，そこへ一部小型器台，小型鉢あるいは施文がさらに加わるという状況である。

問題はこのような性質を持つ土器群とそれに表わされる時代をどのように位置づけるかということである。土器のみを取り上げても基本的に以後の時代に見られないような強い地域性を保持している以上，本来的に弥生時代の社会の内でとらえることが最も無理がないものと思われる。このような土器からうかがえる様相は多彩な内容を持つ同時期の各地の墳墓においても認められよう。したがって，たとえこの時期の土器がかなり変質しつつも基本的に以上のような性格を持っているかぎり，この時代を弥生時代の中に含め，かつて提唱されたように畿内第6様式という名称を復活して用いたほうがより適切であろうと思われる。このような理解がこの土器群とその時代の特質を最もよく表現できるものと考えたい。

2 庄内式土器の具体的様相

以上述べたように，庄内期を弥生時代の中においてとらえるべきであろうという事例として，次に大和地方のいくつかの遺跡の主な資料についてふれてみたい。時期的には庄内式の後半のものが多い。

まず纏向遺跡では，纏向3式とした土器群の中で甕においては弥生後期型はかなり減少し，前半期には小型の甕は残存するが，後半期たとえば辻土壙4下層土器においては全く認められず，ハケ調整を基本とした布留式甕に近似するもの（甕C）で占められる。小型の器台は布留式に特有な形態に統一され，小型の鉢も共通する形態が多く，全体的に精良な土器が多い。また壺の大型品は平底の底部を有するものを基調としている。

矢部遺跡では，ほぼ同時期の溝301を始めとする各遺構の土器においては弥生後期型の甕は大型品も遺存し，庄内甕，甕Cと3種が共存している。また小型器台においてはいくつかの形態が認められ，全体的に製作が鈍重な土器が多い。

唐古遺跡においては第13次 SD-05 でこの時期の土器が出土している。甕には庄内甕，甕Cが共存するが，弥生後期型の甕はほとんど認められな

いようである。また，小型器台においてもほぼ3種の形態があり，器台の統一化は行なわれていない。

多遺跡については表採品であるが，この時期の土器を摘出すると甕ではC類が多く，纏向遺跡に近い組成を持っている可能性が高い。

このように大和を例にとって代表的ないくつかの土器を通覧したが，このような様相からまず指摘できることは，同時期のいくつかの遺跡により，各器種の保有形態や同一器種の細部の形状にかなりの差異が認められることである。このような事実によって，少なくとも布留式直前の奈良盆地南部というかなり狭い地域においても，依然として土器の遺跡ごとの差が存在するということが確認できるわけである。そしてこれらの遺跡の中で纏向遺跡の土器は新しい器種への転換が早いことはたしかであり，盆地内での纏向遺跡の特異性が知られよう。

以上のような事実はやはりこの庄内式の土器については，弥生時代という枠の中で考えるべきことを示しているのではないかと思われる。

3 庄内式土器の編年論について

次に，このような庄内式の土器群を編年する場合，考えられるいくつかの問題点を取り上げてみたい。

まずこれら初期国家成立以前の土器について一言でいえば，基本的に各地域の農村内部で製作された土器であるということを念頭に置いておく必要があるようだ。そこではのちの須恵器のように，確立した設備と技術をもつ専門工人の製作になる土器とは当然区別されるべきであり，さらに編年においても，須恵器のように窯を基幹とした編年などとは同列に扱うことはできないということを明確にしておくべきであろう。

事実，畿内の庄内式土器の編年については，各地の土器とよく比較対照されやすいが，現実にはなかなかそのまま適用できないことでもわかるように，かなり細かい地域差あるいは時期差に大きく影響されている。須恵器においても，窯址出土品によって組立てられた細かい編年を集落址における一括資料の中において用いる場合，そこに複数の型式が認められることは，よく経験するところである。さらにはいかに小さな遺跡といえども，たとえ土器のみからうかがうだけでも確かに

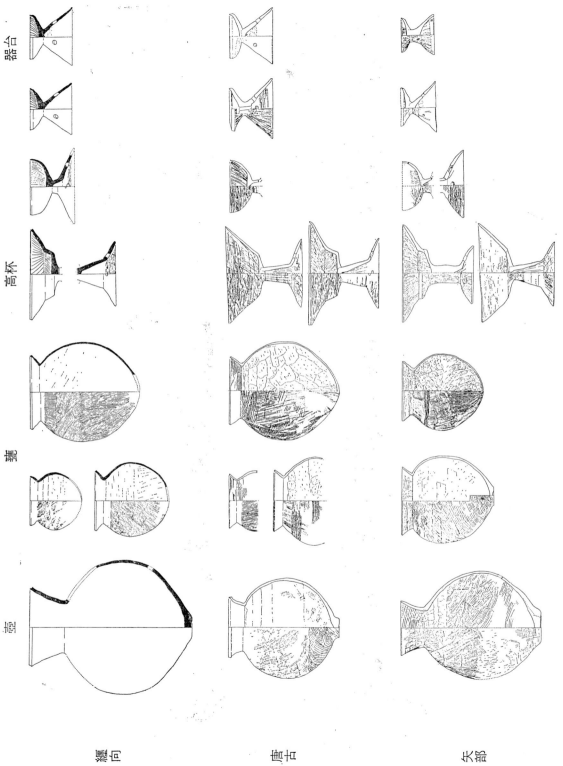

図1 大和の纒向3式段階器種器形態の相違

表 1　庄内式土器に対する諸見解

纒向遺跡の遺構	東田土壙4	南溝（南部）下層	辻土壙5C10R1地点	辻土壙2・東田土壙3	南溝（南部）中層	（甕C一部出現）南溝（南部）中層	（小型器台・小型鉢定形化）南溝（南部）上層	（弥生甕消失・甕C多数）辻土壙4下層	（小型壺出現・3種土器完成・茶臼山）辻土壙7・辻土壙4上層
纒向報告（石野）	纒向1式			纒向2式			纒向3式		纒向4式
矢部報告（寺沢）	庄内0式			庄内I式		庄内2·3式	布留0式		布留I式
豊岡論文	第V様式後葉		古式土師器I	古式土師器II（古）			古式土師器II（新）		
私案	第V様式後半			第　　VI　　様　　式					布留I式

　弥生土器　　　古式土師器　　　土師器（布留式）

それぞれの個性を持っていることがわかる。このような点を考慮して各遺跡の実情に即した使い方をすることが必要のようである。

　実際この時期以前の土器の分類を突き詰めて行なうならば，地方，旧国単位から始まり，遺跡，遺構さらには土器1個の個体差にまで至ってしまうことは，一度でも編年を扱った人間ならだれしも認めるところであろう。

　そしてこうした作業を通じてわれわれが知るところは，編年の使用に当たっては単純な画一性を排し，遺跡・遺物のもつ地域，時間を始めとする無数ともいうべき多様性を考慮した，弾力的な適用を行なう以外にはないという事実であろうと思われる。

　したがって具体的な方法として現状では理想論にすぎないが，本来の編年は以上のことを念頭に置きながら，まず各地域の遺跡ごとで行なうもので，さらにそれらの併行関係を同一あるいは他地域の遺跡の土器編年で確認してゆくという手順が必要なのではないかと思われる。そしてこの作業には実際の資料とのたえざる突き合せが必要だが，現実にはかなり省略されている場合が多い。そしてたしかに理論的な裏付けも必要なこともあろうが，しかしこの場合，現代人の想念の所産としての理論的な様式論や概念と編年が先行し，そ

れに現実の考古資料が追随するのではない，というごくあたりまえのことをやはり明確にしておくべきであろう。

　さらに様式論という名において理論的な説明がいくつか行なわれることがあるが，この場合，細かく論議される遺構内遺物の一括性，土器の製作時点の同時性，あるいはその機能をおえて遺物化する場合の時間的な相違とその遺存状況，各器種の系列などの確認などについては，通常現実の遺物などに直面しているわれわれ一般の認識の域を越えるものではないと思われる。

　なお，大和の庄内期の編年案はすでにいくつか公表されているが，細かい様式論の上に立ち，精緻な細分が行なわれた矢部遺跡の編年について，以上においてふれた点を考慮して感じたことを述べておきたい。矢部編年で用いられている基本資料についての前後関係は纒向報告や豊岡氏の編年においても変化はない。ただ，その細分の方法や各資料の取り扱いなどにおいて相違が認められるわけである。

　矢部編年で最も根本的な問題はこの編年において大和各地の土器を集合し，さきに述べたようなさまざまな内容を持つ遺跡の土器を混在して使用していることである。この結果，どの遺跡においても適用できない，現実には存在しえない編年と

なってしまったことである。しかも大和の内部ではむしろ後進的な内容を持つ矢部遺跡の土器が、その対極位置にある纒向の土器とともに多く用いられているため、とくに混和ぶりが目立つわけである。

また庄内式の細分でも、纒向遺跡の東田南溝の中層部の土器を部分的な砂層の存在でさらに細分することは通常考えられる限界をはるかに越えている。纒向報告でも溝全体の細分は3層を限界とし、その中で新古の様相を考えたわけである。このほか器種の確定においても意見の分れるところが多い。

また編年にはたしかに理論的な裏付けも必要かもしれないが、まず資料自体の基礎的な確認を充分に行なう必要があるようだ。現実にこのような論に沿っていくつかの遺物の突き合せを行なっていくと、様式論以前に行なうべき基本的な資料の取り扱いにおいて多くの矛盾点が見出されることが多いからである。

そこでこのような問題を考えるにあたっては、やはり編年そのものの基本点に立ち返るべきであろう。元来、編年は研究者相互で使用される言語のような共通の符牒であり、手段であっても究極的な目的ではない。かつて各遺物などの編年がまだ未整備であった段階においては細分作業それ自体が第一義的な時期もあったが、そののち編年を十分に活用してさらに歴史像の解明にまで進もうという段階に、あいもかわらず細分作業が競われて、混乱を招くのは本来のありかたではないであろう。各人がそれぞれのものさしで発言すれば、議論がかみ合わず混乱することは必定であるからである。また、編年が細分化され、検討が深められるのは結構なことであるが、資料の扱い方が恣意的であったり、充分な説明もないまま当人にしか理解できないような編年ではたしかに不適当であるといわざるをえない。

またいわゆる編年や方法論などというものは、確定したものがあるわけではなく、各人がさまざまな地域と時代性をもつ資料なりに繰り返し接する中で、それぞれが考えを醸成して事実に近接していくもので、今まさにこの時期の編年について見るように、個人ごとで違うのはあたりまえなのである。決まった方法論なりがあれば、それに適合させる作業だけでよく、種々の面倒な作業は必要ないであろう。いずれにしても目前の膨大な資料に対し、ある定式に寄りかかってすべてを解決しようというやりかたは方法論的には安易なものと思われる。

このようなことについてふれたのは現在、まだ結構盛んな、様式論を始めとするいくつかのいまだにわかりにくい方法論の中には基本的にまだこのような、現実と遊離した立場にあり、さらにはこのような論が実際にはなかなか普遍化されにくいことでもわかるように、結局は自己想念のサイクルの中で終わっているだけにすぎないのではないかという、かなりの誤解もあろうがこのような単純かつ素朴なことを感じたからである。

4 土師器のはじまり

以上述べたように、庄内式土器は弥生時代の範囲の中でとらえるべきであろうとしたが、これは布留式をもって古墳時代、土師器の始まりとするのが適切であろうという考え方によるものである。たしかに大和の布留式土器については豊富で良好な一括資料はまだ多くなく、その内容については明らかでない部分がまだ多いというのが実情である。しかし布留式の成立は大和での大型前方後円墳の出現時期とほぼ合致することは明らかである。したがって、初期国家の確立と政治社会の出現という土器のみならず、政治史上の時代区分においても布留式を指標とすることは有効である。

また、どの時点から布留式と認めるかについてはまだいくつかの意見がある。それは布留式の基本器種の多くが庄内式土器の中から漸次的に出現してくることにもよるのであろう。纒向遺跡では、たとえば甕Cはすでに纒向2式には出現しており、定型化小型器台は纒向3式で確定しているのである。ただ、そのほかの遺跡ではこのような変化は遅いため、布留式への転換ぶりはむしろ急激なものとなり、その相違はより明確なものとなるはずである。

ここで纒向辻土壙4下層土器について今までの見解を述べておきたい。この土器群は従来より布留式と考える意見が多い。それは一つに土壙の上層土器が布留式であり、下層土器はつまり正に布留式直前に当たるからであろう。これを庄内式に含めたのは以下の理由による。

この段階には纒向、矢部遺跡ともに小型鉢、小型丸底土器は全く出土していない。矢部編年では院ノ上遺跡の混在資料として一度は排除したはず

の溝中の小型鉢がどういうわけか編年図に掲載され，この時期から小型鉢が出現するという唯一の根拠に使われているのは理解しがたい。小型鉢の出現については最古の例が大和のこの段階でまだ検出できないかぎり，少なくとも問題は保留すべきものであろう。

またいわゆる茶臼山型の二重口縁壺は同時期の纒向，矢部遺跡においては確認できず，甕Cについても辻土壙4下層土器においてすら口縁部には内面傾斜を含めさまざまの形態が認められ，布留甕のようにほぼ統一された形態とは大きな違いがある。したがって，このような布留式を構成する器種，形態が出そろった段階で大きな画期と認めたほうが編年的に理解しやすく整理できるであろうというのが，この土器を庄内式に含めたわれわれの基本的な考えかたであったのである。

また矢部編年ではこの時期を布留0式として扱っているが，0式という呼称は編年の場においては不適当と思われるし，理解をあいまいなままにしてしまうのではないかと思われる。しかもこのような呼称が庄内式にも用いられていることはなおさらである。いずれにしても土師器の開始は布留式に求めておきたい。

大和・河内地域のこの時期の土器はかなり検出されているが，何分にもその量が膨大で十分に整理され公表されている資料はかなり少ないというのが実情である。矢部報告などは本格的に検討が加えられた数少ない論考であるが，このような分析の蓄積がさらになされれば，見通し的にのべた以上のような実相が判明するかもしれない。

5 布留式の実年代について

なお，この時代の土器の実年代についてはまだ確定的なことは明らかではない。搬入された大陸の青銅器を利用することについても，まだ理解が不足しているため確たる案は持っていない。個人的には布留式の始まりの実年代についてはほぼ4世紀の中葉前後ではないかと考えている。ただ初期須恵器の実年代が大きな手掛かりとなろうが，5世紀前半から中葉まで半世紀までわたる説があり，確定は困難である。しかし5世紀末葉のTK-23,47型式の須恵器にはまだ布留型の甕が共伴するが，このような口縁部内面肥厚を持つ甕が2世紀近くにもわたって使用されたとは考えられないのである。畿内でも須恵器出現直前の陶質土器を

共伴する土師器についても，ほぼ布留式の第3段階に相当することは周知のとおりであるが，通常5世紀後半ととらえられている土師器との形態差はほとんど認められないので，はたして初期須恵器の出現が5世紀のかなり古いところまでさかのぼるものか疑わしいのではないかと思われる。

また，朝鮮南部における陶質土器の開始についてはまだ確定できないが，大阪・加美遺跡出土の庄内末期の土器と伴って出土した陶質土器の壺は韓国の編年においても陶質土器の最古のグループに含まれているが，やはり3世紀まで遡上することは難しく4世紀の中で考えているらしい。

いずれにしても布留式の開始，つまり古墳時代の始まりは4世紀の始めの半世紀の中で考えられるのではないかと思われる。

参考文献
都出比呂志「古墳出現前夜の集団関係」考古学研究，
　　20—4，1974
奈良県立橿原考古学研究所編『纒向』1976
田原本町教育委員会『唐古・鍵遺跡第13・14・15次
　　発掘調査概報』1983
奈良県立橿原考古学研究所『多遺跡第6次発掘調査報
　　告』1984
豊岡卓之「畿内第Ⅴ様式暦年代の試み」古代学研究，
　　108・109，1985
奈良県立橿原考古学研究所『矢部遺跡』1986

須恵器の登場

福岡大学教授
小田富士雄
（おだ・ふじお）

5世紀前半代に須恵器生産が開始されたことは疑いないが，その後
発展的に展開したのか，外から技術導入があったのかは不明である

1 須恵器の認定から窯跡調査へ

青灰色や鼠色を呈した硬質，ロクロ整形土器を一括して須恵器とよぶことは今日では共通認識となっている。日本古来の伝統をひく弥生土器から土師器に継承されてゆく赤焼きの土器とは整形法・焼成法ともまったく異質のものであるところから，外来系の土器であることはすでに明治時代にさかのぼって指摘されていた。古墳出土の須恵器を祝部土器とよんだ最初の人は坪井正五郎であり，内面に叩きによる渦巻状文を施したものは朝鮮土器と称しているように半島起源のものと考えられていた。その後，祝部・忌瓫・斎瓶などの文字があてられており，1950 年代にまで及んでいた。大正時代に入って三宅米吉は陶器の文字をあててスエと読ませた[1]が，須恵器の名称を積極的に主張したのは 1935 年（昭和 10）に発表された後藤守一の「須恵器」（『陶器講座』）であった。後藤は祝部にイワイベの古訓はなく，また祭器としての斎瓫の文字をあてることも須恵器全体をあらわすに不適当であるとして，『和名抄』にみえる須恵字都波毛能の名称と現代語の調整をはかって須恵器とすべきことを主張した。以後この名称と用字が定着するようになった。

須恵器の編年研究が本格的に始まったのは太平洋戦争後のことであり，その嚆矢となったのは1953 年に発刊された東亜考古学会による『対馬』であった。樋口隆康は古墳時代の須恵器を四期に分け，その第一期に朝日山古墳群（対馬）・金崎古墳（島根）・穀塚古墳（京都）・江田船山古墳（熊本）をあげている。そして江田船山古墳に拠ってその年代を 400 年代後半に求めたのであった。すなわちすでに編年研究によって位置づけの明らかな古墳の須恵器を基準資料に選ぶことによって，古墳の年代即須恵器の年代とする方法であった。その後，この方法による編年研究は横山浩一[2]，楢崎彰一[3]らが年代区分や地域性について進展させるところがあった。これらの成果に触発されて各地

域の編年研究がすすめられるようになってきた。

須恵器の精緻な編年研究は戦後の新しい特色であり，後期古墳の年代研究にあたってその判定の尺度とするまでに高められつつあったが，一方古墳の葬送には追葬の事実があるところから，古墳出土須恵器のセット関係を決定するにあたっては編年の細分化とともに無視できなくなってきたことも事実であった。この不安を打開する方法として，1955 年以来愛知用水工事に関連して開始された猿投山西南麓古窯跡群の調査は窯単位のセットを明らかにした点で画期的な成果であった[4]。同様に窯跡出土資料によって編年作業を行なったもので，初期須恵器の研究に大きく寄与したのは，近畿における陶邑窯跡群の調査であった。その先駆的なものとして森浩一，石部正志らの業績がある[5]。そのなかで大野池窯（和泉市）・キツネ山窯（堺市）を第Ⅰ型式前半として 5 世紀前半に比定し，編年資料として窯跡出土品を基本にすべきことを強調した。その後，田辺昭三は 1966 年の陶邑窯跡群報告書[6]で編年案を示してⅠ期を 5 世紀から 6 世紀前半に比定し，その間を 50 年から 100 年以内のなかに収まると考えている。その後，田辺の須恵器研究は 1981 年に『須恵器大成』として結実した。その特色は須恵器の製作技法の観察から生産の諸段階を設定したところにある。そして須恵器生産は朝鮮半島の伽耶地方の陶質土器を母胎としてまず陶邑窯跡群地域で開始されたという一元的生産を構想した。さらに伽耶土器との親縁関係や開始期の窯構築と焼成の技術がすでに高度な専門段階にあるところから，かなりの陶工が渡来してきたことを指摘する。この時期の代表窯跡として高蔵 73 号窯（TK73型式）を掲げ，大野池（ON）41 号・10 号・26 号，高蔵（TK）85 号，栂（TG）102 号，一須賀 2 号の諸窯をあげている。

田辺らのあとをうけて陶邑窯跡群の調査を継承し，精力的に陶邑窯跡群の調査にとり組んだのは中村浩である。その成果は『陶邑』Ⅰ〜Ⅲ（1976〜78）の編著や『和泉陶邑窯の研究』（1981）の専

著として公刊されている。中村は陶邑窯の須恵器編年をⅠ～Ⅴ型式に大別し，さらに細部についてⅠ—5，Ⅱ—6，Ⅲ—3，Ⅳ—4，Ⅴ—2 の各段階に分類してその終末は平安時代に及んでいる。田辺，中村の陶邑窯研究を通じて須恵器出現期の詳細が次第に明らかとなってきたが，その過程のなかで「初期須恵器」の用語も定着してきた。

　1960～70 年代には全国各地の開発事業にともなって古窯跡の調査も急増し，それとともに初期須恵器窯跡の発見がなされてきた。北は宮城県仙台市大蓮寺窯，南は福岡県朝倉郡小隈窯・山隈窯・八並窯などにいたっており，陶邑窯系とも異なる内容のものが知られてくるとともに初期須恵器多元説も浮上してきた。一方では古墳・祭祀遺跡・生活遺跡出土品にもこれら窯跡の出土品との照合作業が試みられるようになって生産と流通の関係が注目されてきつつある。このような情勢下に 1983 年 10 月，大谷女子大学では中村浩の企画による「日本陶磁の源流を探る」と題するシンポジウムが実現した。これによって各地の初期須恵器をめぐる最新の情報や研究成果が紹介された意義はきわめて大きく，翌年その成果が公刊された[7]ことによって今後の初期須恵器研究の進展に新しい画期をもたらすものとなった。

2　初期須恵器研究の進展

　田辺昭三は初期須恵器の名称を提起したとき，「日本で須恵器生産が開始されたときから，地方窯が成立するまでの最初の数十年間，須恵器は陶邑とその周辺から，一元的に供給されていた」[8]という性格づけをした。しかしその後初期須恵器に属する型式の特徴を示す地方窯が発見されてきて定義に矛盾が生じてきた点を反省して，「定型化以前の須恵器各型式の総称」（『須恵器大成』p.64）としてこの名称を使用するよう改めた。そしてこの範疇に入る型式として陶邑窯跡群の TK 73 型式・同 216 型式をあげ，その下限は TK 216 型式と TK 208 型式（定型化した最古型式）の中間に位置づけ，ON 46 号窯の一括須恵器をあてている。さらに地方窯では宮城県大蓮寺窯，愛知県城山窯・東山 218 号窯を ON 46 号窯と並行または先行するとした。

　中村浩は「生産が開始されて以来，日本化あるいは定型化が定着する段階まで」（『日本陶磁の源流』p.90）とし，陶邑編年のⅠ型式 1 段階から 3 段階までの時期をあてている。両者の差違は下限の点でわずかに異なるにすぎない[9]。具体例として TK 85・87・83・73・216・305・306・103・208，TG 22-Ⅰ・225，ON 22-Ⅰ・Ⅱ・Ⅲ・46・155 などの窯跡をあげている。器種には蓋杯・高杯・𤭯・器台・壺・椀・甕などがある。また各段階についてはⅠ—1 は「形の定まらない段階」で特異な形態と共通性の少なさ・静止ヘラ削り（手持ヘラ削り）手法を特徴とすること。Ⅰ—2 は「蓋杯を中心とする器種の大半では整いつつある段階」で各地区ごとの差もみられなくなり，ロクロ使用による回転ヘラ削り手法が出現すること。Ⅰ—3 は「完全に統一的形状として生産される」段階で，各地区とも共通する統一的器形・調整手法の退化傾向などが指摘されている[10]。

　以上のような陶邑窯跡群における初期須恵器の認定は，各地における初期須恵器窯跡の探索熱を高揚し，また古墳をはじめとする窯跡以外の遺跡出土品の抽出作業にも拍車をかけることとなった。それとともに初期須恵器段階の資料にはわが国で生産された須恵器と朝鮮半島から舶載された陶質土器の二者の存在が認識され，その判別は必ずしも明確にしえない現状である。これは最古段階の須恵器には半島からの渡来工人によって製作された面があることにも起因しており，初期須恵器窯跡出土品の確認と半島における陶質土器の調査研究を重ねることによって研究者の判別眼を養うことが解決をはかってゆく考古学的方法の正攻法であろう。

　しかし一方では理化学的方法の援助に頼る側面も必要である。この方面では三辻利一による胎土分析が一定の成果をあげている[11]。これは窯跡出土の須恵器に蛍光X線分析を施し，さらに各遺跡発見の須恵器の同様の分析結果と対照して産地を推定する方法である。この方法によって土器の移動を追跡することができ，生産と流通の研究に大きな学際的研究成果が期待できることとなった。とくに初期須恵器窯跡の分布が地域的にも少ない現状ではこの方法を適用するに好都合で，半島産と国産の判定や陶邑産須恵器の移動（東は岩手県，西は鹿児島県まで）に新しい成果を提供した。これらの成果を考古学が導入してさらに歴史学的研究成果と対比検討することが必要である。

　各地における初期須恵器の最近までの資料集成や研究の現状はさきにあげた 1984 年刊の『日本

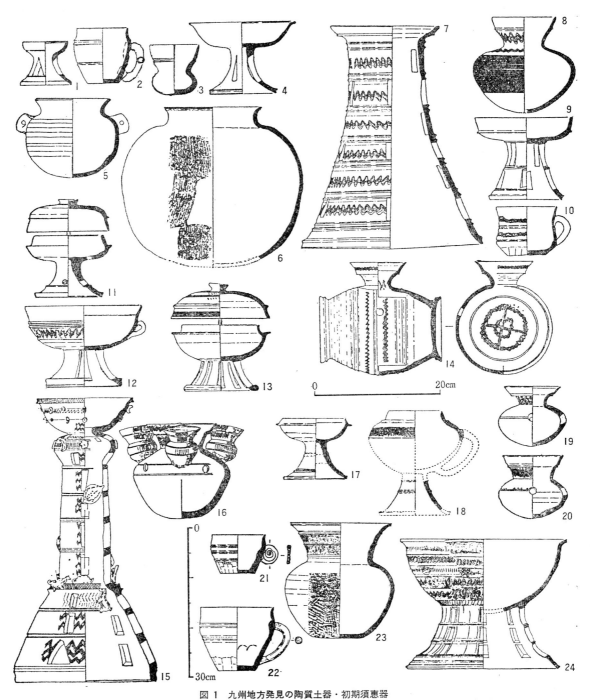

図 1　九州地方発見の陶質土器・初期須恵器

1〜4：恵比須山石棺墓（対馬）　5：大将軍山石棺墓（対馬）　6：島山赤崎石棺墓（対馬）　7〜10：志和池横穴墓（宮崎）　11：山鹿古墳（福岡）　12：昇町遺跡（福岡）　13：六野原横穴（宮崎）　14：上小原古墳群（鹿児島）　15・16：羽根戸古墳（福岡）　17・18：有田遺跡（福岡）　19：付城横穴（熊本）　20：高木原遺跡（熊本）　21〜24：古寺墳墓群（福岡）

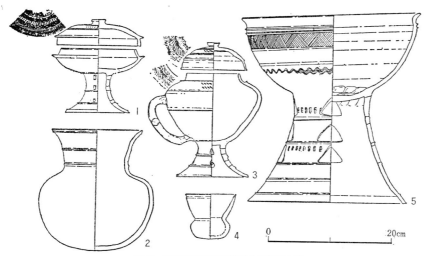

図 2 韓国華明洞古墳群出土の陶質土器

陶磁の源流』につくされており，その後の成果は九州古文化研究会発行の『古文化談叢』特集[12]をはじめとする各地研究会の発刊誌に，また『考古学ジャーナル』誌の窯跡特集[13]などにみることができる。これらの成果によって地域窯と生産須恵器の特色を知ることができるが，詳細についてはここではふれる余裕がない。一方初期須恵器の検討を通じて百済・伽耶地域の陶質土器との親近性，土師器的手法との折衷，土師器にみる須恵器的手法の導入などの問題が各地の地域的特性として指摘されるようになり，さらにすすんでその歴史的背景にまでせまろうとする傾向もみえはじめている。

3 初期須恵器の系譜と年代

 1969年北野耕平は，和歌山県六十谷と大阪府野中古墳出土の伽耶系土器と慶尚南道地域との比較検討から，それらが「将来された年代とほぼ同時期の，五世紀中葉に近い前半頃に須恵器の生産も開始されたであろう」とした[14]。つづいて1975年には原口正三が半島の三国〜統一新羅時代の新羅土器について，瑞鳳塚出土銀盒紀年銘や古墳の編年観などを援用して分類し，日本に及んだ時期をほぼ430〜440年頃と推定した[15]。しかしその拠り所とした資料の年代比定には日韓双方の研究者によってまだ異論もあるところから定説とはなし難いが，勇気ある提言であった。その後田辺昭三[16]，八賀晋[17]らも須恵器生産の開始を5世紀中頃に比定する所見を示してきた。

 一方，古墳の年代研究の立場から須恵器の出現年代を5世紀前半代にまでひきあげようとする考え方が出されている。白石太一郎は埼玉県稲荷山古墳出土鉄剣銘の「辛亥年」を471年として，その出土須恵器（TK23またはTK47型式とする）以前にあたるTK73・TK216・TK208型式の存在から最古のTK73型式を5世紀前半代に比定した[18]。また都出比呂志も「辛亥年」を471年とし，その出土須恵器（TK47型式とする）からTK73型式にさかのぼるまでの間に4型式をあて，各型式を20〜30年とみこんで須恵器生産の開始を400年前後から5世紀前半に推定している[19]。このような方法は現在知られている須恵器の型式数と各型式の年代を均等割りして計算してゆく点に問題点がないわけではない。古墳出土の各遺物についての編年や年代観は現在かなり進展している。それらの年代観の上・下限幅をきめて総合した上で古墳の年代比定を決定するのが最も安定した方法であろう。須恵器の年代観もその中に据えてみてはじめて信憑性の高い位置づけが得られるというべきであろう。現在のところ，須恵器研究と古墳研究の両者の協調点は5世紀中頃に近い前半代というところにおちつくようである。

 さらに須恵器の出現を問題にするとき注意をむけなければならないのは，韓国における陶質土器出現をめぐる研究の進展である[20]。現在のところ無文土器文化期から陶質土器文化期の間に軟質の瓦質土器文化期を設定しようというのが大勢になりつつある[21]。西暦1〜3世紀代をこれにあてており，金元龍はこの期間を原三国期と表現している。日本では弥生時代後期に相当する。楽浪系漢式土器とこれに直接の祖型を求めうる韓国の瓦質土器は壱岐・対馬・北九州の弥生後期遺跡にも流入している。韓国側の研究者は瓦質土器の終末を300年前後に求めている。わが国で現在最古の輸入陶質土器と考えられるものは大阪府加美遺跡方形周溝墓から出土した縄蓆文壺である。これは庄内式土師器と共伴した完形品である点から3世紀後半にまでさかのぼると考えられ[22]，韓国側

27

における陶質土器の上限を示すことにもなろう。

西日本各地における最古段階の須恵器は，陶邑窯における「定型化する以前の段階」に相当するものが窯跡その他の遺跡で確認されつつある現状である[23]。それらの須恵器の特徴には400年前後に比定されている慶尚道地域の伽耶土器や，百済地域土器との共通要素が認められることも指摘されている。したがっていまのところ5世紀前半代に須恵器生産が開始されたことは疑いないであろう。しかし各地における須恵器生産が，つづく定型化した段階の須恵器まで発展的に継承されていったものか，さらに外からの技術導入があったものかという問題になると必ずしも明快な回答が出せる段階ではない。各地における定型化以前と以後の生産窯の製品分布を追跡してみると，陶邑産須恵器の分布に匹敵しえないことも事実である。その点で，かつて提起された陶邑窯の一元配布論は，修正を要しながらも完全撤回しえない問題点をなおのこしているといえよう。今後さらに各地における初期須恵器の実態を追究してゆく作業を続けてゆくなかから出現時期の確定や系譜の問題が解決されるであろうことが期待される。

註
1) 三宅米吉「陶器概説」考古学雑誌，3—11，1913
2) 横山浩一「手工業生産の発展—土師器と須恵器」『世界考古学大系』3，1959
3) 楢崎彰一「須恵器と土師器」『世界美術全集』第1巻，1960
4) 楢崎彰一『愛知県猿投山西南麓古窯址群』1956～58，同「猿投山須恵器の編年」『世界陶磁全集』1，1958
5) 森　浩一「和泉河内窯の須恵器編年」『世界陶磁全集』1，1958
　　森　浩一・石部正志「後期古墳の討論を回顧して」古代学研究，30，1962
6) 田辺昭三『陶邑古窯址群Ⅰ』1966
7) 楢崎彰一監修『日本陶磁の源流—須恵器出現の謎を探る—』1984
8) 田辺昭三「須恵器」1～12，日本美術工芸，388～394，1971

9) 中村　浩「初期須恵器の窯跡—近畿地域とくに陶邑窯跡群および一須賀窯跡について—」考古学ジャーナル，259，1986
10) 中村　浩「和泉陶邑窯出土遺物 の 時期編年」『陶邑Ⅲ』第6章，1978
11) 三辻利一『古代土器の産地推定法』1983，同「土器の産地を求めて」『続考古学のための化学10章』1986
12) 九州古文化研究会『古文化談叢』第15・16・18集「特集・初期須恵器の地域相」Ⅰ～Ⅲ，1985～87
13) 『考古学ジャーナル』No.259「特集・発生期の須恵器窯」1986
14) 北野耕平「初期須恵質土器の系譜—紀伊六十谷出土の土器とその年代—」神戸商船大学紀要第一類・文科論集，17，1969
15) 原口正三「須恵器の源流をたずねて」『古代史発掘』第6巻，1975
16) 田辺昭三『須恵器大成』1981
17) 八賀　晋「韓半島の陶質土器と初期須恵器」『日・韓古代文化の流れ』1982
18) 白石太一郎「近畿における古墳の年代」考古学ジャーナル，164，1979
19) 都出比呂志「前期古墳の新古と年代論」考古学雑誌，67—4，1982
20) その研究史的概要については註7)文献中のⅢ討論のうち「朝鮮半島の状況」の項（p.216～221）を参照されたい。
21) 崔鍾圭「瓦質土器の検討と意義」古代を考える，34，古代伽耶の検討，1983
22) 武末純一「慶尚道の『瓦質土器』と『古式陶質土器』」古文化談叢，15，1985
　　竹谷俊夫「布留遺跡豊井地区出土の初期須恵器をめぐって」天理大学学報，157，1988
23) 松本敏三「香川県出土の古式須恵器—宮山窯跡の須恵器—」瀬戸内海歴史民俗資料館年報，7，1982
　　斎藤孝正「猿投窯成立期の様相」名古屋大学文学部論集，LXXXVI・史学29，1983
　　関川尚功「奈良県下出土の初期須恵器」橿原考古学研究所紀要・考古学論攷，10，1984
　　岩崎直也「尾張型須恵器の提唱」信濃，39，1987
　　藤原　学「大阪府下千里丘陵における初期須恵器窯跡の調査」『日本考古学協会第53回総会研究発表要旨』1987

土師器の編年

東京国立博物館
望月幹夫
（もちづき・みきお）

土師器は古墳の発生の問題やその移動に興味がもたれる搬入
土器の研究に伴って各地域で盛んに細分化が進められている

土師器の編年研究が本格的に行なわれるように
なったのは戦後のことである。各地でそれぞれ研
究が行なわれているが，とくに盛んなのは南関東
と畿内である。この二つの地域の編年が他地域の
編年の基準となっていることは大方の認めるとこ
ろであろう。また，筆者には全国の土師器の編年
を扱うことは不可能なので，この二つの地域を取
り上げることにしたい。

1 南関東における編年

（1） 研究抄史

東日本における土師器の編年研究は杉原荘介氏
によるところが大きい。氏は昭和10年代に，千葉
県市川市須和田遺跡，鬼高遺跡，東京都前野町
遺跡，和泉遺跡の調査を行ない，その結果から，
弥生土器の最後に前野町式土器をおき，土師器の
編年として，和泉期一鬼高期一真間期一国分期と
いう編年観を示された[1]。和泉期は「弥生式文化
に代わって，日本全土が始めて文化的に統一され
た時代」，鬼高期はそれに次ぐ時代，真間期は飛
鳥時代から奈良時代前期，国分期は奈良時代後期
から平安時代前期に当たると考えた。そして，和
泉期の土師器は中部日本で発生し，中央日本にお
ける強力な政治作用によって，全国に急速かつ一
様に伝播したと考えた。少ない資料の中で，現在
の編年の基礎を築いた功績は大きい。

戦後の土師器の編年研究は，この杉原氏の研究
をもとに進められていくのだが，各地で調査が進
むにつれ，和泉式より古い土師器の存在が浮かび
上がってきた。昭和30年に，杉原荘介・中山淳
子氏は「和泉一鬼高一真間一国分」の編年を再確
認して型式内容を明らかにするとともに，型式設
定はしなかったものの，和泉式以前の土器の存在
にふれ，埼玉県東松山市五領遺跡などの土器を
例示しながらその内容を述べている。そして，和
泉式以前の土器を前期古墳のある時期に，和泉式
を中期古墳の時期に，鬼高式を後期古墳の時期に
想定した[2]。

昭和32年から39年にかけて行なわれた五領遺
跡の発掘調査は和泉式以前の土師器の研究に大き
な影響を与えた。金井塚良一氏らはこの遺跡から
出土した和泉式以前の土師器を「五領式」と呼ん
だ[3]が，この名称が和泉式以前の土器の型式名と
して定着していった。しかしながら報告書がいま
だに刊行されておらず，その型式内容については
研究者間で必ずしも一致をみていない。

昭和39年には金井塚良一氏を中心として，五領
式土器に関するシンポジウムが開かれた。五領遺
跡B区の調査結果も報告され，五領式土器の共通
理解に向けて参加者の間で熱い議論が交わされた
が，その結果の報告が遅れたことが惜しまれる[4]。

五領式土器の研究は弥生時代の終わりの前野町
式土器との区分の問題を含んでいる。すなわち土
師器とは何かという問題であり，古墳時代はいつ
始まったのかという問題である。また，古墳の発
生はいつかという問題でもあるわけである。その
ような重要な問題を含んでいるだけに，多くの研
究者がさまざまな角度から研究を行ない，その成
果を発表している。

昭和34年に小出義治氏は，弥生式土器と土師器
の区分について触れ，小型丸底坏を含む土器のセ
ットの確立をもって土師器とする考えを述べ，そ
の開始を4世紀末〜5世紀初頭と考えた。また，
土師器の伝播は「社会経済組織の波にのって大和
朝国家の統一過程に先行して各地方に伝播した」
のであり，「各地域での"土師器の発生が，即畿内
権力の下に従属したことを意味するものではな
く，周辺社会に至るに従って土師器の発生と国家
権力の伸張との間に若干歳月のずれを考えねばな
らぬ」と述べている[5]。

これに対し，岩崎卓也氏は，長野県城の内遺跡
などの土器群の分析から，古式土師器において斉
一性をもって分布するのは小型丸底土器・高坏・
坩などの祭祀形態の土器群であり，甕などの日常
性の強い土器群には地域色が残るとした。そし
て，小型丸底土器を主体とする土器群は畿内に源

29

流をもち，「大和政権の政治圏の展開という歴史的事実を媒体として成立」し，斉一性を単に文化的・経済的現象として説明することは誤りであるとした[6]。

昭和46年から刊行された『土師式土器集成』において杉原荘介氏は土師器のかわりに土師式土器という名称を提起し，地方色の濃い弥生式土器に対し，全国的に斉一性が強い土器であると述べた。さらに，前期の土師器について，斉一性の強い土器群をB系列，地方色を残している土器群をA系列とし，A系列を前期前半，B系列を前期後半とする考え方と，B系列のみを前期とする考え方の二者があることを述べた。また，B系列の土器の起源を山陰地方に求めた[7]。その後杉原氏は後者の考え方をとり，A系列の土器を弥生時代後期に次ぐ晩期の土器とする考えを述べた。そして坏形土器と小型器台の出自を朝鮮半島と考えた[8]。

その他，土師器の編年については遺跡の発掘調査を通して各地域でそれぞれ行なわれており，また，それらの編年を整合させようとする試みがなされている。しかしながら，まだ不十分な点が多く，今後に残された問題は多い。

（2）　南関東地方の編年

五領式　五領式土器には壺，甕，甑，小型丸底土器，器台，高坏，坏などがある。

壺は胴部が球形をなし，口縁部は単純に外反して開くものや，有段口縁をなすものなどがあり，口縁外面や肩部に縄文や櫛描文などが施される場合がある。甕は台付がほとんどで，外面は刷毛目調整が施される。S字口縁台付甕も存在する。甑は鉢形で底部に小孔1を有する。小型丸底土器は胴部に比して大きな口縁部がつき，底部にくぼみを有するものが多い。全面を丁寧に磨き，赤彩が施される場合が多い。器台は小さな器受部に脚をつけた小型器台が多い。器受け部中央に脚との貫通孔がある。小型丸底土器とセットをなす。高坏は坏部外面に稜をもつ深めの坏部に脚をつけたものが多く，坏部・脚部外面を丁寧に磨き，赤彩を施すことも多い。坏は小さな平底から緩やかに立ち上がり，そのまま口縁にいたるものと屈折して口縁部をつくるものがある。また，有段口縁をなすものがある。他に手焙形土器も存在する。

4世紀後半から5世紀初頭であろう。

和泉式　和泉式土器は5世紀代の土器で，五領式土器にあった有段口縁の壺，台付甕，器台が消滅した。壺は複合口縁をなすものも存在するが，装飾はなくなる。小型丸底土器はつくりが雑になり，削りを残すことが多い。高坏は坏部底面と口縁部の境に稜をなし，脚は中膨らみの柱状で，裾部が外反する。甑は鉢形で複合口縁をなし，底部に1孔を有する。坏，埦，鉢は底部から緩く立ち上がり，口縁部が屈折するものとしないものがある。また，須恵器を模倣した甑が千葉県外原遺跡などで出土しており，この時期に須恵器が導入されたことがわかる。また，一部の地域では和泉期末に竪穴住居に造り付けの竈が導入されており，

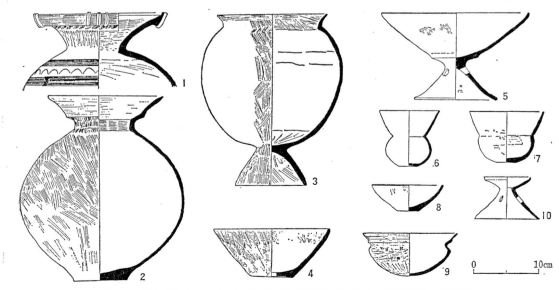

図1　五領式土器（1〜4・6・9・10：埼玉県五領遺跡，5・7・8：神奈川県子ノ神遺跡）

次の時代への変化の引金となった。

和泉式土器の研究は，良好な一括資料が少なかったこともあって遅れていたが，近年各地で調査が行なわれており，その細分問題を含めて進展が期待される[9]。

鬼高式　鬼高式土器は 6，7 世紀代の土器で，甕，甑，坏，鉢，高坏などがある。甕は竈の導入にともなって長胴化する。甑は深鉢形で大型と小型があり，底部全体をくり抜く孔が開けられる。高坏は坏部外面の稜が弱いかなくなり，脚も短くなったものが 6 世紀代に存在する。坏は前代の系譜を引くもののほかに，須恵器を模倣したものが現われ，これが主流を占めるようになる。

鬼高期になると五領期にみられた小型丸底土器などの祭祀形態がまったく消滅し，土師器は日常雑器としての性格だけになってしまう。

鬼高期を細分することは可能であり，2 期区分，3 期区分がしばしば行なわれてきた。最近は伴出する須恵器の年代観などから，さらに細かく分ける試みが盛んである。

2　畿内の編年

(1) 研究抄史

畿内における土師器の研究は弥生式土器の編年研究の中から生まれた。昭和 10 年に小林行雄氏は弥生式土器の地域性を越えて広く分布する小型丸底土器に注目し，ここに斉一化への動きを見た[10]。その後，奈良県布留遺跡の調査から，小型丸底土器を含む土器群を布留式土器と名づけ，最古の土師器と考えた[11]。

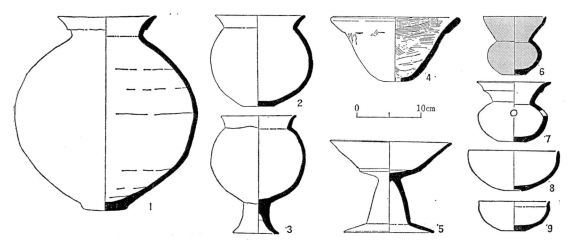

図 2　和泉式土器（1〜3・5〜9：千葉県外原遺跡，4：神奈川県子ノ神遺跡）

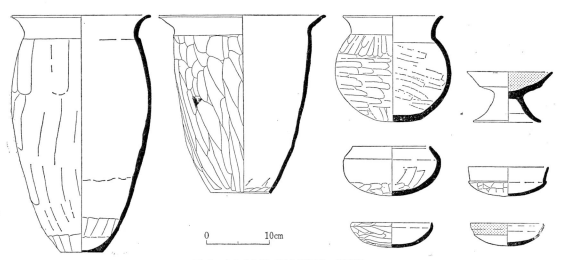

図 3　鬼高式土器（神奈川県子ノ神遺跡）

31

戦後，坪井清足，原口正三，田辺昭三氏らによって研究が進められ，次第に編年関係が明らかになっていった[12,13]。とくに大阪府船橋遺跡の報告は，東日本の研究が土師器の形態論に重点を置いたものだったのに対し，技法論を前面に押し出したものとして，その後の研究に大きな影響を与えた。

昭和40年に田中琢氏は，第5様式と布留式の間をつなぐ様式として「庄内式」を設定した[14]。そして布留式が『世界考古学大系』[15]編年のⅡ期の古墳と関係があることから，庄内式はⅠ期の古墳の年代に相当し，最古の土師器であろうと考えた。

これに対し都出比呂志氏は甕の叩き技法の変遷から独自の編年案を提示し，古墳との関係について，庄内式の段階ではまだ古墳は発生していないと述べ，庄内式は弥生最終末であると考えた[16]。

奈良県纒向遺跡の調査報告は大和における土師器の編年に大きな影響を与えた[17]。大量に出土した土器をもとに纒向1〜6式を設定し，纒向2・3式を庄内式に，纒向4式を布留式古相に当てた。これについては木下正史[18]，都出比呂志氏[19]らの疑義がある。

庄内式，布留式土器をめぐっては，古墳の発生との問題もあり，各地でさまざまな研究が活発に行なわれている。最近では寺沢薫氏が矢部遺跡の報告の中で細かい編年を行なっており[20]，議論を呼んでいる[21]。

それに比べると鬼高並行期の土師器については資料が少ないせいもあるのか，それほど研究は進んでいないように見受けられる。

（2）　畿内の編年

庄内式土器を土師器にするかどうかは意見の分かれるところであるが，本稿では布留式以降を土師器として扱うことにする。

布留式（古期）　壺，甕，高坏，小型丸底土器，坏，器台などがある。壺は，胴部は球形で，口縁は直口縁と複合口縁があるが，文様は消失する。甕は，丸底で胴部は球形をなし，短く外反する口縁部がつく。口縁端部は内側に肥厚する。胴部外面に刷毛目，内面に箆削りをほどこす。外面の叩きはなくなる。東海系のS字口縁台付甕が共伴する。坏は丸底で有段口縁をなすものがある。器台は小さな器受部にハの字形に開く脚がつく。小型丸底土器は球形の胴部に大きめの口縁がつく。高坏は坏部外面に稜をもつものともたないものがあ

り，脚部は裾が大きく開く。4世紀後半代であろう。

布留式（新期）　壺，甕，高坏，小型丸底土器，坏などがある。器台はなくなる。小型丸底土器は口径が胴部最大径と同じくらいになり，磨きが省略されるようになる。壺や高坏も磨きが省略される。高坏は坏部外面の稜を失う傾向にある。新しく堝が現われ，須恵器を共伴するようになる。5世紀代の土器。

小若江南式　小型丸底土器，大型壺がなくなる。甕は竈にかけるために長胴化する。堝は鉢形の体部に把手がつくものである。甑は大型で把手がつく多孔式である。竈の導入にともなって，煮沸形態に大きな変化が現われている。6世紀代の土器。

難波宮下層式　甕は長胴化が進み，羽釜も現われる。金属器の影響を受けた坏が新たにつくられ，内面に暗文を施したものもある。高坏の坏部内面にも暗文が施されるようになる。7世紀代の土器。

南関東と畿内の編年についてみてきたわけであるが，両者の違いなどについてふれておく。畿内では甕は丸底であるが，南関東では平底か台付である。甑や堝は畿内では把手がつくが，南関東ではつかない。畿内では後期になると日常容器の中に須恵器が入ってくるが，南関東ではほとんどないために須恵器模倣の坏がたくさんつくられる。このような現象は畿内を西日本，南関東を東日本と言い換えても当てはまる。そういった意味では東と西という大きな地域性があったことになる。

また，並行関係については，五領式が庄内式に並行するという考えもあり[22]，必ずしも定まっていない。

3　編年に伴う問題

（1）　搬入土器

弥生後期から古墳時代前期にかけて，他地域から搬入された土器が多い。五領期には，畿内のものでは庄内形甕，布留形甕，有段口縁坏などがあり，東海系ではS字口縁甕形土器が顕著である。山陰系の鼓形器台，北陸系の甕も存在する。これらの土器は遺跡によって量にばらつきがあり，同じ地域内の遺跡であっても出土傾向は異なる。北関東の五領並行である石田川式はS字口縁台付甕が甕の主体をなす特異なものである。また，五領

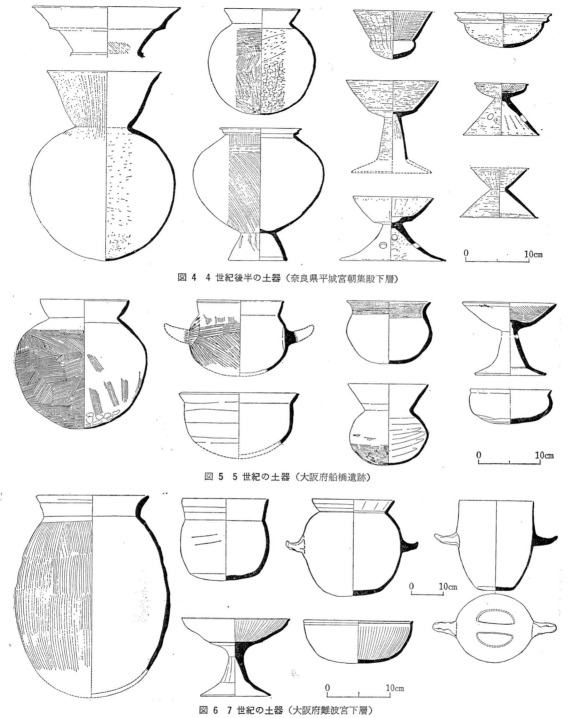

図4 4世紀後半の土器（奈良県平城宮朝集殿下層）

図5 5世紀の土器（大阪府船橋遺跡）

図6 7世紀の土器（大阪府難波宮下層）

遺跡には畿内系の土器が多くみられるが，東海系の土器は少ないようである[23]）。

畿内の纒向遺跡でも東海系，山陰系，瀬戸内系などの土器が搬入されているし，平城宮朝集殿下層でもS字口縁台付甕がみられる。このような土器の移動が人間とともにであったかどうかはそれぞれ検討しなければならない。

在地のものではない土器は，搬入されたか模倣されたものである。それらの区別がむずかしい場合もありうるが，搬入土器は小地域ごとの編年を

33

整合させる指標として役立つことは確かであり，そのためには産地分析などから土器の製作地を明らかにする必要がある。また，土器の移動の実態を明らかにすることは，当時の社会状況を考える上で大きな手がかりとなるであろう。

（2）　古墳出土の土師器

古墳から出土する土器，とくに前期古墳から出土する土器は，各地で調査が進み，類例が増加して研究者の注目を集めている。とくに問題となっているのは，京都府芝が原古墳，福岡県津古生掛古墳，奈良県石塚古墳，千葉県神門4号墳など，庄内式土器を出している古墳である。これらは定型化した大型前方後円墳出現以前のものであると考えられているが，これらをどう評価するかは，古墳時代の定義，古墳の定義，土師器の定義などすべてに関わりをもっている。一方，都出比呂志氏は「儀器化された土器や石製品は，古い形を保守的にとどめることがある」ので，「日常土器と直線的に比較すること自体慎重であらねばならない」として，古墳出土土器の特殊性を考慮すべきことを述べている[24]。

また，小林三郎氏は，前期古墳出土の土師器について，主体部直上に埋置された土器群は集落でもみられる供献土器群であるが，底部穿孔壺形土器は儀器化したもので性格が異なると述べた。そして，茨城県佐自塚古墳の主体部直上の土器が和泉式であるのに対し，底部穿孔壺形土器は五領式であったが，年代としては和泉期とすべきであろうと述べている[25]。古墳出土の土器で古墳の年代を求める場合には注意が必要であろう。

また，古墳の発生の問題に年代の尺度として土器が使われるのは，他に適当なものがないので当然のことである。そこで編年が細かくなっていくのは自然の成行きともいえる。しかも各地で行なわれているわけで，弥生終末から古式土師器にかけての研究はまさに百家争鳴で，当分まとまりそうもない。

4　おわりに

本稿で取り上げなかった地域の中では北九州，吉備，東海などは大変注目されるところである。これらを含め，さらに小地域での編年を組み立てて並行関係をおさえていかなければならない。地域による研究の跛行性がみられるし，後期の土師器の編年も比較的遅れているようである。各地で発掘調査が行なわれて資料は増えているはずであるが，それを生かしきれていない現状を打破しなければいけない。自戒とともに今後の課題としたい。

本稿を草するにあたり，岩崎卓也先生をはじめ，先学諸氏の論文を参考にさせていただいた。末筆ではあるが記して感謝したい。

註

1) 杉原荘介『原史学序論』1943
2) 杉原荘介・中山淳子「土師器」『日本考古学講座』5，1955
3) 金井塚良一・小峯啓太郎『東松山市の土師器』1957
4) 台地研究会・土師研究者グループ・埼玉考古学会「シンポジューム『五領式土器について』」台地研究，19，1971
5) 小出義治「土師雑考」国学院雑誌，60—11，1958
6) 岩崎卓也「古式土師器考」考古学雑誌，48—3，1963
7) 杉原荘介「土師式土器」『土師式土器集成』Ⅰ，1971
8) 杉原荘介「弥生式土器と土師式土器の境界」駿台史学，34，1974
9) 比田井克仁「南関東五世紀土器考」史館，20，1988
10) 小林行雄「小型丸底土器小考」考古学，6—1，1935
11) 末永雅雄・小林行雄・中村春寿「大和に於ける土師器住居址の新例」考古学，9—10，1938
12) 坪井清足『岡山県笠岡市高島遺跡調査報告』1956
13) 原口正三ほか『船橋Ⅱ』1962
14) 田中　琢「布留式以前」考古学研究，12—2，1965
15) 小林行雄・近藤義郎「古墳の変遷」『世界考古学大系3　日本Ⅲ』1959
16) 都出比呂志「古墳出現前夜の集団関係」考古学研究，20—4，1974
17) 橿原考古学研究所編『纒向』1976
18) 木下正史「書評『纒向』」考古学雑誌，64—1，1978
19) 都出比呂志「前方後円墳出現期の社会」考古学研究，26—3，1979
20) 橿原考古学研究所編『矢部遺跡』1986
21) 米田敏幸「書評『矢部遺跡』」古代学研究，112，1986
22) 註8)に同じ
23) 熊野正也「五領遺跡における外来系土器の検討」駿台史学，70，1987
24) 註16)に同じ
25) 小林三郎「古墳出土の土師式土器Ⅰ」『土師式土器集成』Ⅱ，1973

須恵器の編年

大谷女子大学助教授
■ 中 村　　浩
（なかむら・ひろし）

専門工人によって作られた須恵器はまた生産地が比較的容易
に特定され，型式変遷をたどることが可能という特徴がある

1　はじめに

　全国各地の古墳時代の集落跡，古墳，官衙など
の多種多様な遺跡からほとんど例外なく須恵器が
出土する。この時代に同時に存在する土師器も同
様な状況を認めることができるが，須恵器の場合
とは大きく異なっている。

　その第1は，生産地が比較的容易に特定される
ということである。これは時代を段階的に捉えら
れる利点がある窯跡での編年資料を利用できるこ
とである[1]。ただしこの場合，果たして須恵器が，
伝世あるいは耐用期間がどの程度のものであるの
か[2]，また確実に産地が特定されるのかなど基本
的な問題の解決を図る必要がある。

　第2に須恵器は専門工人によって作られている
という点である。すなわち一定の習熟した技術で
生産が行なわれるということであり，形状，法量
などの統一が容易に可能であった。すなわちこの
特徴は，時期を追った形の変化を見る型式変遷を
たどることが可能になる[3]。

　これら須恵器のもつ特徴から，とくに須恵器研
究が注目されているのは，時代の流れとともに変
化した形状の変遷を追って見るいわゆる型式編年
である。この型式編年での問題は，どのような前
提すなわち問題意識のもとに検討が加えられ，い
かに細分されたのか，という点と，そこで得られ
た型式変遷のポイントに絶対年代がいかに対応す
るかである。すなわち型式の前後関係の認識か
ら，そこで示された流れが暦年代といかに対応が
可能かという問題である。以下，先学の業績の検
討を通じて，上記2つの問題を考えたいと思う。

2　古墳出土須恵器の編年

　すでに見たように須恵器の型式編年は，古墳時
代後半から平安時代の各遺跡の時期決定の重要な
基準として用いられてきたし，現在でも用いられ
ている。しかしこの須恵器の型式編年も一朝一夕
になったものではない。先学の当該部分に対する

研究業績の蓄積の上に試行錯誤が重ねられて漸く
今日に見るような段階に至ったのである[4]。この
各時代時期の状況については別稿に譲ることにし
て，本稿では現在の型式編年がどのように行なわ
れてきたかについて簡単に研究史をたどることに
する。

　まず古墳時代の須恵器を体系的に編年した成果
を発表されたのは，樋口隆康氏である。氏は「祝
部土器の編年」[5]として，須恵器の編年を行なっ
た。そこでの年代推定の基準として示されたの
は，江田船山古墳（400年代後半），水尾鴨古墳，王
塚古墳など（500年前後から500年代前半），肥後稲
荷山古墳，五郎山古墳など（500年代後半から600
年頃），石舞台古墳，宮地嶽古墳など（600年代）
である。しかし江田船山古墳の場合を除いて，銘
文などが確認されておらず，漠然とした年代感と
いう印象は否めない。とはいえ，後期古墳時代の
全般を通じてみられる須恵器の形態変遷を，対馬
では3群，内地の例をあげて4形式に区分されて
いるのは卓見であった。やがて，この内地の須恵
器の編年については6期区分が提唱された[6]。こ
れらは古墳という須恵器の消費地での動向の把握
が前提となったもので，以来型式編年の作業が盛
行する先駆けとなった。

　一方，生産地での須恵器の状況の検討も，少し
おくれて開始された。東海地域の猿投窯跡群をま
とめられた楢崎彰一氏，和泉，河内の窯跡出土須
恵器をまとめられた森浩一氏の業績は，新しい対
象を扱ったものとして画期的なものであったとい
えよう。事実，この後には，須恵器の形式編年の
主体が古墳出土品から窯跡出土品に代わっていっ
たのである。

　古墳出土品を中心とした編年は，横山浩一氏で
一応の完成を見たともいえる[7]。ここでは，第1
段階（二子塚式，穀塚式），第2段階（陽徳寺式，水
尾式），第3段階（南塚式，海北塚式，荒坂式），第4
段階（桃谷式，野畑式）の4段階9様式，ただし日
本の須恵器としては8様式に区分された。須恵器

の生産開始年代を「一応460年ごろと考え」,「桃谷式は7世紀中葉ごろ」と推定された。これらによって約200年間に8様式が区分されるとし，1様式の継続年代を「ほぼ25年前後」と考えられた。

楢崎彰一氏は,「後期古墳には日常容器である須恵器の副葬が一般的であって，しかも比較的短い年代の幅をもって変化しているために，この須恵器の編年と実年代づけを確立することによって，それぞれの古墳にほぼ実年代に近い時点を与えることができる」とし[9]，東海地域の古墳出土須恵器の型式編年を試みたのである。とくに「畿内の後期古墳の変遷についての正しい理解を得ることに重点をおかねばならなかった。そしてまた，その前提としての須恵器の編年を合わせ実施せねばならなかった」のである。検討の結果，須恵器の使用された全時期を6期に区分することができ，「相継起する各時代の社会体制と緊密に対応」するとされた。また当該論文ではこの前半3期を対象とした。

ところでこの編年は，資料が近畿とりわけ京都，大阪に求めて進められたのに対し，各地域でもこれに触発されて編年作業が行なわれた。その代表的なものとして，山陰の須恵器に注目された山本清氏，九州地域の小田富士雄氏の業績があげられる。

山本氏は「須恵器は朝鮮で発達した窯法の伝わったものであるから，その変遷を考えるにはまず朝鮮におけるこの種土器の変遷その他を明らかにし，それと対照して伝来当初の形質を見定め，その後日本における変化と，さらに推測される第2次3次等の朝鮮からの影響等をも検討するのが正道」という[9]。しかし「手元にはそうした朝鮮の資料が乏しいので，主として古墳関係のものであるが，そのうち奈良朝寺院址から出土する須恵器と同型式のものを古墳時代の最も新しいもののめじるしとし，それと形式差の最も大きなもので，古墳の内部構造や伴出遺物が比較的古い様相をもつ古墳の出土品を最も古い時期の目じるしとする考え方をとった。そしてこの新古両極端に属するものの中間型式のものを排列し，かくて一応機械的変遷の図式を描き，その当否を古墳出土の一括遺物の実例に徴して検討するという方法を骨子」として進めている。その結果は，4型式に区分し，各々に山陰出土須恵器を配列していった。と

くに須恵器の「変遷には若干の地方差があると思う」として，地方差の存在の指摘を行ない，時期的な若干の下降を示唆された。

小田富士雄氏は，九州各地域の古墳，窯跡などから出土した須恵器の編年を行なった[10]。氏は『『対馬』や山本氏の方法を出発点」とすべきであると評価し，「大別して，古墳時代の須恵器は五期に分かつ方法がよい」，「詳細に観察してゆくとそのうちのある時期では二分可能の地域も生じてくる。」とする。また細分の可能性は，将来窯跡の調査が進行した段階で補足すべきであるとされた。精力的に進められた編年作業は，豊前，筑後地域についての成果が公となっている。とくに前者については番塚古墳をはじめとする当該地域の古墳出土遺物から，後者は岩戸山古墳，乗馬古墳などの資料に加えて，八女窯跡群出土遺物を資料として行なった。そこでは従来豊前で行なったV期区分からⅥ期区分とし，7世紀後半までを対象とした。ここに小田氏の九州地域の型式編年が一応の完成を見たのである。

3 窯跡出土須恵器の編年

すでにみた消費地たる古墳など遺跡出土須恵器を材料とする編年と前後して生産地たる窯跡出土資料からの編年作業も開始された。伝世や移動のほとんどない同時期資料の編年は，やがて消費地のそれを凌駕するようになる。この分野では，森浩一氏の河内，和泉地域の窯跡出土資料の編年がはじめである。氏は「まず窯跡からえたもので純粋型式を抽出することにつとめる方法を」採って進められ，Ⅰ～Ⅴ型式とⅠ，Ⅳ，Ⅴには前後半，Ⅲでは前中後半に細分し，合計10型式とした。田辺昭三氏は森氏と同様，陶邑に資料を求め「製作技術，形態の変化，器形の組合せを中心にその変遷」を明らかにし，Ⅰ～Ⅴ期に大別，さらに21型式に細分された。やがてⅠ～Ⅳ期に大区分を改められた。

筆者は陶邑窯跡群の発掘調査を担当するうちに，従来の諸先学の編年に満足しない部分があった。とくに個々の窯の操業期間の長短，床，天井の重複と形の変化との対応など検討課題は多かった。やがて連続性，操業期間と細部変化の対応などの検討からⅠ～Ⅴ型式に大別，さらに20段階に細分し，窯跡名を段階，型式名として用いないこととした。

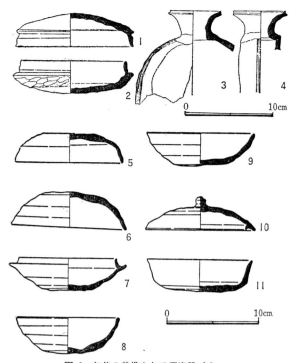

図1 年代の基準となる須恵器 (1)
1〜4：江田船山古墳、5〜11：箕谷2号墳（註29）より)

東海地域では，楢崎彰一，斎藤孝正氏によって東山窯跡群などの整理検討が行なわれ，成果が公になっている。この他の地域でも枚挙に暇のない窯跡調査が行なわれている。

4 年代の基準

型式編年の細分化の進展とともに，その連続関係の確認と構築は，すでに見たように諸先学のたゆまざる研究の積み重ねによって一定の限界に近づいていったといっても過言ではない。

一方，その型式変化の各段階の年代推定は，細分化の状況とは必ずしも一致していないように思える。それは年代の確認されている資料が少ないことがあげられる。近年は，かつての状況ほど型式編年や年代推定に関心が強くはもたれていないようである。そればかりか型式編年と年代推定との検討などをほとんど行なわずに，単に個別遺物をとりあげて誠に無造作に年代考定を行なっている場合もある。このような現状に鑑み，今一度年代推定の根拠となっている資料について再検討することも意義ある問題と考えられる。以下，既述の研究にあって年代推定の基準とされている資料を見ることにする。

(1) 江田船山古墳出土須恵器（陶質土器）の評価

江田船山古墳は近年に周濠部分の調査が行なわれ，新たに須恵器が出土したが，多くの論の対象となったものは1873年（明治6年）の発見後，まもなく博覧会事務局によって一括買収され，やがて東京国立博物館に引き継がれ今日にいたっている遺物群である[11]。これらは現在，国宝に指定されている。須恵器は蓋杯1セットと提瓶片の3個体である。とくに銀象嵌銘を伴う大刀が含まれていることから，年代推定が古くから行なわれてきた。なおその時期は，反正天皇の頃とする説と雄略天皇の頃とする説がある。

横山浩一氏は「熊本県船山古墳出土の杯は，身，蓋ともに底が平たく，口縁が垂直にちかく立ちあがっていて百済扶余出土品に似ている。」[12]として，最も古い様式の二子塚式に分類されたが，時期の明示はない。

楢崎彰一氏は「この須恵器は既述のように，現在最古の形式と考えうるものであって……，同大刀とともにその上限をAD436年前後におきうるのである。しかし，同墳の営造年代を，その出土品である金銀使用の一連の装身具，馬具からみて，AD.5C後半に下げるべきだという小林行雄氏の考定が存して，われわれもその妥当性を承認する……。」とされた[13]。

森浩一氏は，須恵器の上限を考えるなかで「熊本船山（438年頃の大刀出土）の須恵器は1後半か2の変形であり，船山と同型鏡を有する大阪郡川は1後半末又は2の須恵器を出し，郡川と同型鏡を分有する大阪長持山は允恭陵と陪塚的関係にある。かくて1後半から2への過渡期を5世紀後半とし，窯址数や住居址での遺存量から，相当長期間1後半が存続したと考えられるから，その始まりを5世紀前半まで遡らさねばならない。」とし[14]，この型式に先行する1前半の存在を考慮すると，須恵器は4世紀末に出現したとみるのが妥当と考えられた。このほか樋口隆康[15,16]，山本清氏[17]もこの資料を一応5世紀代の基準とされているようである。

なお近年実施された調査で造り出し部から出土した須恵器は，後述する稲荷山古墳出土須恵器と近似しており注目される。当該遺物と提瓶，蓋杯とは時期的に一致しない可能性が濃い[18]。

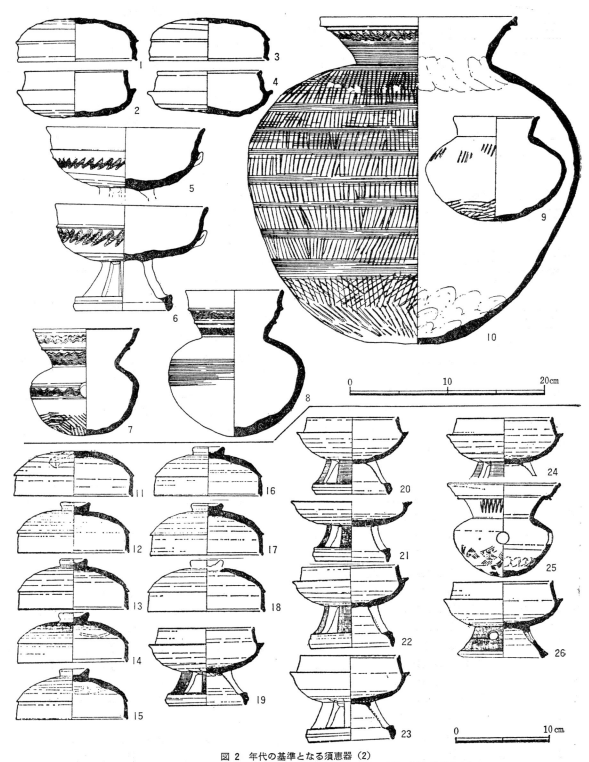

図 2 年代の基準となる須恵器 (2)
1〜10:穀塚古墳(『ミュージアム』443 より), 11〜26:稲荷山古墳(同報告書より)

（2） 稲荷山古墳出土須恵器の評価

　埼玉県行田市所在の稲荷山古墳からも銘文を伴う鉄剣が出土し，あわせて多数の遺物が検出された。同時にかつて採集された須恵器も年代推定ができるとして注目された。しかし須恵器の遺物そのものの検討はほとんど行なわれず，銘文との関係から年代推定の根拠に用いられる場合が多く，資料がいわゆる独り歩きをする典型ともいえる。ちなみに鉄刀の銘文に見える「辛亥年」は471年説と531年説があり，前者が大勢を占める。

　田辺氏は「鉄剣の製作年代を示す辛亥年を471年とすれば，高蔵47型式は471年を遡らず，また辛亥年を531年とすれば，高蔵47型式を六世紀中葉頃まで下げて考えなくてはならない。」とし[19]，さらに「現段階では辛亥年を471年とする説にもとづいた年代観をとりたい。」とされる。白石太一郎氏は近畿地方の古墳の終末年代についての考究の中で，須恵器の年代についても種々検討を行なった[20]。また稲荷山古墳出土須恵器には辛亥年を471年とし，出土須恵器をTK23ないしは47型式とし，5世紀後半から末葉の年代を与えている。都出比呂志氏も稲荷山古墳出土須恵器に辛亥年を471年とする年代を与え[21]，さらに須恵器生産の開始を「AD400年前後あるいは5世紀前葉の時間幅の中におくことが可能」とされた。

　筆者も先学の驥尾に付して当該古墳出土須恵器について検討した結果[22]，少なくとも2段階の時期差があるものが認められ，従来いわれているよりは古く遡るものも見られることを確認した。さらに辛亥年を471年とすると，その年代に相当するものはⅠ型式4段階の時期的に遡る一群と考えた。なお出土地点については必ずしも明瞭ではなく，少なくともその誤差も考慮して考えねばならない。

（3） 岩戸山古墳出土須恵器の評価

　福岡県八女市所在の岩戸山古墳は筑紫磐井の墳墓と推定されている。その年代は『日本書紀』継体天皇21年条などに見える筑紫磐井の叛乱記事によってかなり明瞭に知ることのできるものと考えられている。当該古墳からは1924年（大正13年），後円部の一角から，筒型器台，高杯型器台などの須恵器が出土しており，その年代も先述の古墳のものとして同年代が与えられている。

　小田富士雄氏は，当該古墳からの出土品の検討を行なった[23]。とくに「文献資料に徴して築造年代を知りうる西日本唯一の古墳であるから，須恵器編年の上限を画する重要な意義」をもつものとしての評価を与えておられる。とくに氏の行なわれる型式編年の第Ⅱ期に該当する。田辺氏は飛鳥以前の実年代の確定に手掛かりを与える資料がほとんどないとしながらも条件付資料の一つとして岩戸山古墳出土一括資料をあげられている[24]。さらに「これを磐井の墓の造営時点である527年前後の須恵器とすれば，高蔵10型式のはじめを，ほぼ同じ年代とすることができよう」とされた。ただしすでに指摘はあるが，これらの須恵器は1型式（段階）のものではなく，複数のものが含まれており，厳密な検討から一体どの段階の時期が，先の造営時点である527年前後の須恵器であるのかは問題が残る。

（4） 飛鳥寺下層出土須恵器の評価

　すでに見たように，この遺物の確認は以後の当該時代の基準として用いられている。その評価については，論者によって微妙に差が見られるようである。まず報告書[25]では「これら飛鳥寺創建以後の土器，陶磁器のほかに，創建前の包含層より土師器，陶質土器が検出された。下層の土器は蓋杯を代表的なものとし，陶質土器としては壺，大きな器台，甑，透彫ある台付壺などがあり……，陶質土器には，古墳時代後期第二様式であることを示している。……この蓋杯の示す型式が飛鳥寺創建前であることは，陶質土器の編年的研究に一つの大きなメルクマールを与えたことになろう。」とある。横山氏は「海北塚式の土器は飛鳥寺の基壇下から発見されているので，同式の継続年代の一点は六世紀末以前にある。」とし[26]，報告書を忠実に継承された。

　一方，楢崎氏は飛鳥寺基壇下検出須恵器の評価について，「飛鳥創建時にこの型式がもはや消滅していたというなんらの根拠もないから，厳密にはこの型式の発生が飛鳥寺創建以前であるというように解すべき」と主張[27]。これによって氏の第Ⅱ期の2の発生を593年以前に求めた。また田辺氏は「6世紀代の資料としては，いま一つ，奈良・飛鳥寺創建前の土層中より発見された須恵器片がある。この須恵器は高蔵四三型式に相当する特徴をもっているところから，高蔵四三型式を飛鳥寺の建立がはじまった五八七年の直前か，あるいはその少し前の年代とみることができよう。」とし[28]，ほぼその評価は一定の線でまとまってい

るようである。また昭和32，33年度に発掘調査が行なわれた川原寺からは創建以前の遺物が多く検出された。とくに同じ場所に占地した川原宮に伴う遺物の可能性が説かれ，以来飛鳥寺下層須恵器に次いで年代推定の資料の一つともなっているようである。

（5） 箕谷2号墳出土須恵器

兵庫県八鹿町所在の箕谷2号墳は昭和58〜59年の発掘調査によって銘文を伴う大刀が検出されたことから，その名が知られた古墳である。銘文は「戊辰年五月□」とある6字から構成されるものである。その年代としては548年，608年の可能性があるが，関係者は前者を採っているようである。内部主体は横穴石室で内部から馬具，鉄刀，鉄鏃，武具などの鉄器，須恵器，土師器が出土している。須恵器には蓋杯，台付き長頸壺，平瓶などがある。時期的にはいくつかのものが含まれており，追葬の存在を示唆している。銘文鉄刀との共伴関係が確定していれば，年代の確定する資料である。詳細な報告を待ちたい[29]。

5 まとめにかえて

以上，須恵器の型式編年と年代とのかかわり，とくに絶対年代（暦年代）との対応が，どのように進められてきたのかについて，簡単に研究史をたどってみた。改めて説くまでもなく，編年の重要性は考古学に携わる者，誰しもそれは強く認識している。しかし，この尺度となり，充分な編年が行なえる良好な資料は多くはない。

しかし，まず型式変化の設定ありきでは，折角の資料も充分活用されることなく埋もれてしまう場合もある。一方，問題意識なしにただ並べるだけ，あるいは部分の計測値のみにたよる編年も問題である。すでに触れてきたように，須恵器のもつ形態変化の連続性，画一性，組合せなど，さまざまな要素の検討の積み重ねと充分な検討によってこれらの作業が行なわれてきたはずである。ともあれ成果の利用活用は大いに自由であり，その評価は利用する研究者によってなされる。本稿は，現在の編年の成果が提示してきた各々の問題のうち源流の一点でも探りたいと願って筆を採ってきたが，果たして当初の目標を見失っていなければ幸いである。

註

1) 具体的な窯跡の特定が容易という意味ではない。

土師器に比較して窯跡の位置が明らかであるという意味である。

2) 須恵器の伝世は比較的初世の時期，あるいはその供給が少ない地域などの事情を除外すると比較的短かったと考えられる。また耐用期間は，土師器に比較して長く，大切に使用すれば1世代以上の使用も不可能ではなかったと考えられる。しかし実情は，祭祀などの使用の場合は短期間の耐用しかない。

3) 型式編年の前提条件，姿勢については中村浩『和泉陶邑窯の研究』1981で詳述している。併せて参照されたい。

4) この問題についてより詳しい内容に興味のある方は中村「須恵器の年代論」『論争・学説日本の考古学』第5巻―古墳時代，1988を参照されたい。

5) 樋口隆康「祝部土器の編年」『対馬』1953

6) 樋口隆康「須恵器」『世界陶磁全集』第1巻，河出書房，1958

7) 横山浩一「手工業の発展―土師器と須恵器」『世界考古学大系』第3巻―日本Ⅲ，平凡社，1959

8) 楢崎彰一「後期古墳時代の諸段階」『名古屋大学文学部十周年記念論文集』1959

9) 山本清「山陰の須恵器」『島根大学開学十周年記念論集』1971

10) 小田富士雄「九州の須恵器序説―編年の方法と実例（豊前の場合）」九州考古学，8，1964

11) 本村豪章「古墳時代の基礎研究稿―資料篇(1)」東京国立博物館紀要，16，1981には「1873年以前」とある。

12) 註7）に同じ

13) 註8）に同じ

14) 森浩一「須恵器初期の様相と上限の問題」日本考古学協会第27回総会研究発表要旨，1961

15) 註5）に同じ

16) 註6）に同じ

17) 註9）に同じ

18) 中村浩「初期須恵器の系譜―江田船山古墳出土須恵器の再検討」大谷女子大学紀要，14―1，1979

19) 田辺昭三『須恵器大成』角川書店，1981

20) 白石太一郎「畿内における古墳の終末」国立歴史民俗博物館研究報告，1，1982

21) 都出比呂志「前期古墳の新古と年代論」考古学雑誌，67―4，1982

22) 中村浩「須恵器流通の一考察」大谷女子大学紀要，14―2，1987

23) 小田富士雄「筑後における須恵器の編年」『塚の谷窯跡群』八女市教育委員会，1979

24) 註19）に同じ

25) 奈良国立文化財研究所『飛鳥寺』1958

26) 註7）に同じ

27) 註8）に同じ

28) 註19）に同じ

29) 大村敬通「兵庫県箕谷古墳群」月刊文化財，255，1984

古墳時代末期の土器

滋賀大学教授
小笠原好彦
（おがさわら・よしひこ）

古墳時代終末期にかかわる 7 世紀の須恵器・土師器は古墳時代の
器種に替って新たな食器が製作され発展した点に特徴がみられる

　古墳時代末期を 7 世紀とすると，この時期の土器はどのように変遷したであろうか。

　7 世紀の土器研究は，当初，窯跡や古墳出土の須恵器に対する変遷の把握を中心に進展した。1958 年，森浩一氏は大阪府南部の須恵器窯跡群の資料をもとに，古墳時代から奈良時代までの須恵器を I 型式から V 型式に大別し，IV 型式前半を 7 世紀前半，IV 型式後半を 7 世紀後半に想定した[1]。

　また，1966 年，田辺昭三氏は大阪府陶邑古窯址群の発掘調査の成果をもとに，陶邑古窯址群を I～V 期に区分し，さらに各時期の細分を行なった。この編年では第 II 期を 6 世紀前半から 7 世紀前半，宝珠つまみのつく蓋と高台が出現する以後を第 III 期とし，7 世紀前半から 7 世紀後半の年代をあてている[2]。

　このような須恵器編年に対し，近年では奈良県の飛鳥，藤原京地域における都城跡，寺院跡などの発掘資料をもとに，7 世紀の須恵器，土師器を飛鳥 I～飛鳥 V 期に区分する編年案が提示されている[3]。しかし，1982 年，白石太一郎氏は飛鳥 5 期編年の須恵器の年代想定に問題があるとし，京都市幡枝古窯にみる宝珠つまみと身受けのかえりをもつ蓋杯が出現する段階を 7 世紀の第 2 四半期を中心とした年代とする見解を述べている[4]。

　ここでは，古墳時代の終末期にかかわる 7 世紀の須恵器，土師器の型式変遷を飛鳥の 5 期区分をもとに概略を述べ，さらに年代，型式変遷の背景についてふれることにしたい。

1　7 世紀土器の型式編年

　これまで明らかにされている飛鳥，藤原京地域の土器による 5 期編年では，I 期は小墾田宮推定地の溝 SD 050，II 期は坂田寺跡の池 SG 100，III 期は大官大寺下層の井戸 SE 116，土壙 SK 121，IV 期は雷丘東方遺跡の溝 SD 110，上ノ井手遺跡の溝 SD 015，V 期は藤原宮東大溝 SD 105 など藤原宮出土の一括土器が主要な基準資料とされて

いる。これらの資料を中心に 7 世紀の須恵器，土師器の型式編年を述べるとつぎのようになる。

　I 期　須恵器は 6 世紀から続く有蓋杯（杯H）のほかに，新たに口径 10～11 cm，高さ 3.5 cm で蓋の頂部に宝珠つまみがつき，身受けのかえりをもつ平底杯（杯G）が出現した。これによって型式の異なる二種の杯が併存したが，以前からの有蓋杯が圧倒的に多い。ほかに 6 世紀末に出現した大小二種の台付椀とこの時期に新たに出現した鉢（鉄鉢型）がある。

　土師器は外面をヘラミガキし，内面に正放射文をつけた杯C，皿，鉢などの食器が新たに出現した。杯Cは口径 15.9～17.1 cm，高さ 6.2～7.2 cm，径高指数（器高÷口径×100）41 前後の深い器形で，口縁部外面を密にヘラミガキしたものである。このほか，高杯は 6 世紀の半球状の杯部をもつものと 2 段構成からなる大型のものがなくなり，替って半球状で内面に正放射文とラセン文の暗文をつけた 2 段構成のものが出現した。

　II 期　須恵器は有蓋杯の杯Hが減少し，宝珠つまみをもつ杯Gが主体となる。法量は両者とも 10cm 以下に小型化した。

　土師器は杯Cの大中小の 3 種，皿，鉢，高杯から構成される。杯Cは口径 16.3cm，器高 5.2cm，径高指数 32 前後で，前段階よりも少し浅い。ほかに杯Aと呼ぶ口径 16.5cm，高さ 6.5 cm，径高指数 39 前後で口縁端部が内側に傾斜し，内面の上段に斜放射文，下段に正放射文，底部にラセン文をつけ，外面を密にヘラミガキした食器が出現した。

　III 期　須恵器は杯Gが存続し，台付椀の型式的発展として杯Bが成立した。6 世紀以来の有蓋杯（杯H）はみられなくなる。宝珠つまみのつく蓋杯Gは口径 10cm 前後となり，II 期よりも少し法量が大きくなる。

　土師器は杯Aが型式的発展し，口縁端部がわずかに肥厚する。口径は 16.5cm，高さ 6.5cm，径高指数 39 前後で，II 期と変らない。口縁部内面

に放射文2段，底部にラセン文をつける。杯Cは径高指数 22 前後で，Ⅱ期よりも低くなり，口径もわずかに拡大する。外面はヘラミガキする。ほかに皿，鉢，高杯がある。

Ⅳ期　食器類が著しく発展し，器種が増加した時期である。須恵器は杯AがⅠ〜Ⅳ，杯BがⅠ〜Ⅳ，椀A・B，皿Ⅰ・Ⅱ，鉢，高杯の 14 器種から構成される。蓋をもた ない杯 A が大小に分化し，杯Bは蓋に身受けのかえりがつくもの，つかないものが相半ばする。

土師器も杯AがⅠ〜Ⅲ，杯CがⅠ〜Ⅲ，杯BがⅠ〜Ⅲ，皿Ⅰ・Ⅱ，鉢，高杯の 13 器種から構成される。杯AⅠは口径 17.5cm，高さ 5.5cm，径高指数 29 となり，より低くなる。内面に放射文2段と底部にラセン文をつけるが，口縁部にも横にラセン文をつけたものがある。下段の放射文も斜傾化する。杯Cは口径 17cm，高さ 3.7cm，径高指数 22 で，Ⅲ期よりもさらに低くなる。内面の放射暗文は杯Aと同じく正放射文から斜放射文に変化する。

Ⅴ期　藤原宮の多量の土器にみるように，食器の器種構成が完成した時期である。須恵器はⅣ期まであった杯B蓋の身受けのかえりがなくなる。食器の器種はⅣ期と同じく 14 器種からなる。

土師器も器種構成はⅣ期と同様である。杯AⅠは口径が 19cm 前後，高さ 5cm で，径高指数 26 に減る。口縁部の外傾度が大きくなり，口縁端部の折りかえしが大きく明瞭になる。暗文はⅣ期に比べて口縁部にラセン文をつけたものは少ない。杯CⅠは口径 18cm，高さ 4cm で，径高指数 22 となり，わずかに口径が大きくなるが，Ⅳ期とさほど変らない。杯Bは杯Aに高台のつく形態で，蓋がともなう。蓋のつまみは上端が平らな宝珠型のものが大部分であるが，ほかに長方形のものもある。上面を丁寧にヘラミガキし，内面にラセン文をつける。高杯は口径 25cm，高さ 10cm 前後の平坦な皿状の杯部と脚部を 11〜12 角形にたてに面どりした大型のものが出現した。この高杯は上面に放射文2段とラセン文をつけ，中心部にもラセン文を密に施し，外面はヘラミガキする。

2　型式編年と年代

各時期の型式に，その後の資料を補充すると，Ⅰ期は小墾田宮推定地の溝 SD 050 のほか，川原寺西南部の溝 SD02 から須恵器杯G，杯H，土師

図 1

器杯C，高杯などが出土している。ここでも須恵器の宝珠つまみがつき身受けのかえりをもつ蓋杯はごくわずかで，古墳時代以来の有蓋杯（杯H）が主体を占める。川原寺の溝 SD02 では，土師器にも高杯のよい資料がある。ほかに飛鳥の石神遺跡の溝 SD 335，435 がこの時期とみてよいもので，須恵器杯G，杯H，皿，土師器杯C，高杯などの良好な資料が出土している。

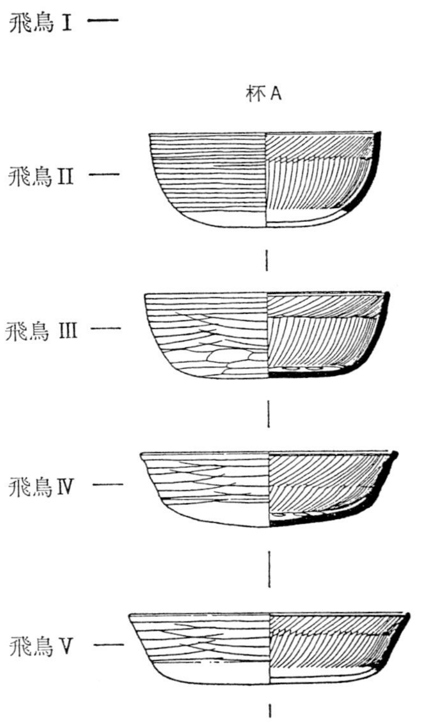

Ⅱ期は坂田寺跡の池 SG 100，小墾田宮推定地の溝 SD 070 のほか，藤原宮 SF 1081，1082 などがあるが，その後は良好な一括土器の追加をみていない。飛鳥以外では，大阪府難波宮跡で前期難波宮下層の SK 10043 や灰黒色粘質土層からまとまった土器が出土している。

これらのⅠ期，Ⅱ期の年代は，それぞれ7世紀の第1四半期，第2四半期が想定されている。これらのうち，Ⅰ期の年代推定のよりどころは，(1) 小墾田宮推定地溝 SD 050 の杯Hが飛鳥寺下層の有蓋杯の直後に続く型式であること，(2) 小墾田宮推定地 SD 050 の杯Gの蓋が京都市幡枝古窯で飛鳥寺創建当初の素弁 10 葉蓮華文軒丸瓦と同型式

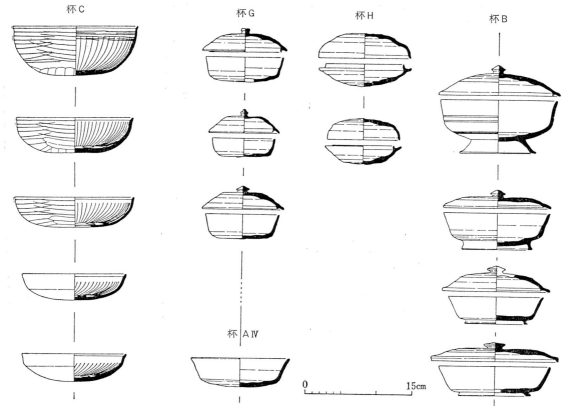

7 世紀の土師器・須恵器の変遷（註3）による

のものと共伴すること，(3) I 期，II 期の杯 G の蓋が 655 年に遷った川原宮以前の埋土層から出土すること，(4)坂田寺跡の池 SG 100 出土の II 期とみる杯 G が単弁 8 葉蓮華文軒丸瓦，手彫忍冬唐草文軒平瓦と共伴すること，などがその根拠にされている。しかし，この年代観に対しては，白石太一郎氏は幡枝古窯の素弁 10 葉蓮華文軒丸瓦が飛鳥寺のものよりも中房が大きく型式化していること，幡枝古窯では高句麗系の有稜素弁 8 葉蓮華文軒丸瓦も出土しており，この高句麗系の最古の軒丸瓦が葺かれた豊浦寺の創建が福山敏男氏の説くように舒明朝に求められるので，I 期を 620 年代を中心とした年代に想定しうるとした。

だが，I 期，II 期の年代は，その後調査された豊浦寺に瓦を供給した京都府隼上り窯と四天王寺に供給した平野山窯の資料を加えて検討した菱田哲郎氏の見解が妥当である[5]。菱田氏は隼上り窯出土の有蓋杯（杯 H），杯 G，高杯を I～III 期に区分し，隼上り I・II 段階を飛鳥 I，隼上り III 段階を飛鳥 II に比定する。型式編年でも，杯 G は有蓋杯が変化して成立したものではなく，別の器種として出現していること，杯 G の初現は地域によって時期差が想定されるので，この器種の有無は時期決定のよりどころとし難く，有蓋杯や杯 G の口径の縮小化と高杯の特徴を重視すべきであるとする。さらに年代では，法隆寺，四天王寺，豊浦寺などの創建年代を検討し，飛鳥 I を 7 世紀の第 1 四半期，飛鳥 II を第 2 四半期に比定しうるとした。ほかに，豊浦寺式軒丸瓦の年代は，森郁夫氏も瓦当文様の検討から 7 世紀第 1 四半期とみなしうる見解を述べている[6]。

I 期，II 期の年代は共伴した土師器の型式編年も考慮して想定されている。I 期の杯 C の年代を知りうる材料はないが，II 期の杯 C と同一型式のものは，前期難波宮の整地土や SK 10043 から出土する。前期難波宮は長柄豊碕宮とみる見解が強く，造営開始年代は明らかでないとしても，『日本書紀』白雉 3 年（652）に完成した記事があるので，それ以前にあたる 7 世紀中頃の年代が想定される。I 期はその後の各型式の年代幅からみて，第 1 四半期に想定することが可能である。

つぎに III 期は古墳時代の有蓋杯が姿を消した時

期である。大官大寺下層井戸 SE 116，土壙 SK 121 のほか，近年では飛鳥の石神遺跡の井戸 SE 800 や大津京時のものが滋賀県山の神 2 号窯から出土している。これらは前期難波宮の整地土の土器にすぐ続く型式なので，7 世紀第 3 四半期の年代が想定される。

Ⅳ期は雷丘東方遺跡の溝 SD 110，上ノ井手遺跡の溝 SD 015 のほか，藤原宮 SD 1901 A 下層土器，滋賀県山の神 1 号窯で良好な資料が追加された。年代は 7 世紀第 3 四半期と 7 世紀末のⅤ期の間として，第 4 四半期でも早い年代があてられる。都宮では浄御原宮の時期に相当する。Ⅴ期は 7 世紀末の藤原宮の時期で，藤原宮の溝 SD 105 などから多量の木簡と共伴しており，年代が明らかである。高松塚古墳からは，この時期の須恵器杯 B の蓋が出土している。

以上の Ⅰ期からⅤ期にわたって述べた型式編年は，飛鳥，藤原京地域の食器の型式編年である。この編年では，特定の器種の有無や 1 器種の特徴のみでは時期決定が困難な場合もあるが，型式編年，年代想定は近畿地域にはほぼこのまま適用しうるとみてよい。しかし，そのほかの地域は，その地域の型式編年との対応関係を明らかにしたうえで適用することが必要とされよう。

なお，この時期の土師器は畿内と東国では，異なった型式変遷がみられるので，直接的な型式編年の対応関係は求めにくい。だが，近年，飛鳥の石神遺跡の藤原宮期の整地土で，東北地方南部の栗囲〔くりがこい〕式とみてよい内面を黒色化した土師器杯が出土している。今後，良好な一括土器と共伴すれば，東国の土器も実年代を明らかにしうる可能性がでてきた。

3 型式変化の背景

古墳時代末期の 7 世紀の土器編年で最も特徴的なのは，須恵器，土師器とも古墳時代の器種に替って，新たな食器が製作され発展したことである。Ⅰ期の 7 世紀初頭には，古墳時代の有蓋杯が主体を占めるなかに，蓋の頂部に宝珠つまみがつき身受けのかえりをもつ蓋杯や台付椀が出現した。土師器でも外面をヘラミガキし，内面に暗文をつけた杯 C，皿，鉢などが製作された。これは西弘海氏が明らかにした[7]ように，佐波理鋺を主とした金属器を模倣して成立した。これらの金属器は 6 世紀後半に朝鮮三国から将来されたもので

あるが，6 世紀末以降には仏教にかかわる仏器として導入されたものが多かったとみられる。しかし朝鮮三国では，新羅皇南洞 98 号墳など古墳にも金属製の鋺が多く副葬されており，年代は少し下がるが，新羅の雁鴨池でも金属製の鋺，台付鋺，皿，台付皿などが出土している。Ⅰ期の須恵器，土師器の新器種の出現は金属製の仏器を模倣したものとはいえ，6 世紀末から 7 世紀初頭における朝鮮三国さらには中国の食器様式の影響も少なくなかったであろう。

Ⅱ期以降は，須恵器，土師器とも同一形態の器種が法量によって分化し，相互に互換性をもった。これによって，古墳時代の食器と構成原理が完全に変化した。Ⅲ期には群集墳への追葬もほぼ終わり，畿内の豪族層による支配体制の再編と前期難波宮にみる大規模な都城がみられた。古墳時代以来の有蓋杯が姿を消し，土師器杯 C が量産され，Ⅳ期以降に中心的位置を占める杯 A が口縁端部を内側に軽く折り曲げる形態に変化した。

Ⅳ期は須恵器，土師器ともさらに新たな器種の増加と法量による分化がみられた。その結果，須恵器 14，土師器 13 の食器が成立した。このような食器の多様性と規格性は，この時期の律令制の整備と対応したものであった。換言すると，これは律令制の運用を支えるためのものにほかならない。西氏は，これを律令的土器様式と表現している[8]。その確立期は，脚部を面どりした大型高杯が加わったⅤ期の藤原宮の時であったとみてよい。これは多量の箸〔はし〕の使用開始とも関連したものであった。

註
1) 森 浩一「和泉河内窯の須恵器編年」世界陶磁全集 1，河出書房新社，1958
2) 田辺昭三『陶邑古窯址群』Ⅰ，1966
3) 奈良国立文化財研究所『飛鳥・藤原宮発掘調査報告』Ⅱ，1978
4) 白石太一郎「畿内における古墳の終末」国立歴史民俗博物館研究報告，1，1982
5) 菱田哲郎「畿内の初期瓦生産と工人の動向」史林，69—3，1986
6) 森 郁夫「高句麗系軒瓦の初源」国学院大学考古学資料館紀要，3，1987
7) 西 弘海『土器様式の成立とその背景』1987
8) 同上。
9) 小稿の作成にあたって，奈良国立文化財研究所の西口寿生氏の御教示を得た。

特集 ● 土器からよむ古墳社会

土器の生産と流通

土師器と須恵器は生産地から消費地へどのように動いていっただろうか。古墳や集落との関係はどのように考えられるだろうか

古墳と土器／集落と土器／渡来人の移住と模倣土器／古墳の成立と土器の移動

古墳と土器

宮内庁書陵部
土生田 純之
（はぶた・よしゆき）

古墳への土器の副葬は前，中，後期と移るに従って量を増していくが，古墳の年代の決定には慎重な情報の検討が必要である

　土器は，あらゆる考古資料の中でも最もよく年代差や地域差があらわれるものである。したがって古墳の編年作業に欠くことのできない資料といえよう。ところが，前期や中期の古墳の場合，主体部内に土器を副葬することは稀で，墳丘や周濠（溝）から出土することが多い。もちろん，これらの土器が古墳築造時に置かれた場合もあろう。しかし，古墳築成の盛土中にすでに含まれていた場合や継続的な祭祀によるものもある。前者の場合は古墳築造時よりも前代の土器型式を示し，逆に後者では後代の型式を示すことになる。
　かつて石野博信氏は，大和平野東南部の前期古墳について，墳丘やその周囲から採集された土器をもって相対的な前後関係を決定した[1]。結果として破壊を伴う発掘を行なうことなく，古墳群の形成過程を考察した試みとしては高く評価されよう。またこの作業は，安易に既成の編年観に符合させてしまいがちな傾向に対する警鐘ともいいうる。しかし，反面では既述した古墳出土の土器がもつ諸条件に対する配慮も必要と思われる。
　これに対して，後期古墳の場合は横穴式石室を始めとする主体部内に土器を副葬することが広く普及している。しかし，横穴式石室や横穴は追葬することが普通で，これに伴って新型式の土器が

副葬されることも考えられる。もし初葬時に土器が副葬されなかった場合，あるいは追葬に際して初葬時の土器が主体部の外に運び出されたとすればどうなるのであろうか。このように，土器は考古資料の中で最も基礎をなすものであり，これを基本に古墳の編年作業を行なうことは正当ではあるが，やっかいな問題もまた存在しているのである。以下，前・中・後各期の古墳と土器が提示する問題のなかから，最も今日的な研究課題と思われる点について考察してみたい。

1　前期古墳と土器—外来系土器と古墳の築造—

　近年，各地で弥生時代後期から終末にかけての墳丘墓の調査事例が増加している。中には成立時の古墳と比較しても規模においてほとんど異ならないものもみられ，研究者によっては古墳の範疇に含めて考えられているものもある。ところで，成立時の前方後円墳を弥生墳丘墓と区別する際の指標として，近藤義郎氏は次の3点を挙げている[2]。①鏡の多量副葬指向，②長大な割竹形木棺，③墳丘の前方後円形という定形化と巨大化。これに対して近年発見例を増しつつある初期の前方後方墳の場合，③は墳形こそ異なるがおおむね

45

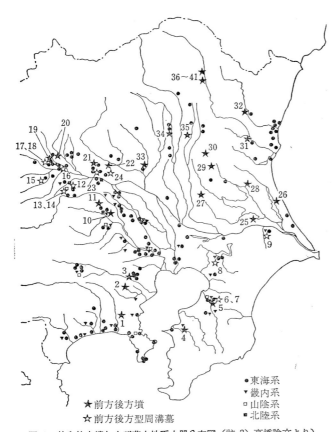

図1 前方後方墳および非在地系土器分布図（註3）高橋論文より）

同様の現象が認められ、②もいくつかの事例が知られている。しかし①については、鏡のみにとどまらず一般に副葬品は貧弱である。

さて、関東の前方後方墳は東国に派遣された伊勢系将軍の墓であるとする説[3]が近年提示された。その根拠の一つに、古墳や近辺の集落跡から出土する土師器の中に、東海系の土器が占める割合の高いことが挙げられている。しかし、外来系土器のもつ意味にはさまざまな可能性が考えられ、直ちに人の移動、ひいては政治的な原因に限定するには解決すべき前提条件が多いように思われる[4]。これに対して茨城県地方では、古墳よりもやや先行して成立する方形周溝墓から南関東や東海地方系の外来系土師器が頻出することが指摘されている[5]。この場合、その原因には政治的要因よりも文化的要因が考えられている。

一方大和では、弥生時代後期から古墳時代前期にかけて東海系土器を始めとする外来系土器の割合が非常に高くなることが注意される。置田雅昭氏は、この現象は大和の巨大古墳築造のために動員された人々が出身地の土器を携えてきた結果で

あると解釈した[6]。しかし、こうした現象は大和に限らず、畿内地方の他地域でも認められている。それにしても前後の時期に比較して外来系土器の比率の高くなることは間違いなく、大きな歴史的要因を考えることは当然のように思われる。

以上のように、古墳時代前期には東海系土器が東西の相当な遠隔地まで広く浸透したことが窺えるのである。しかし、地域によってその原因については全く異なった解釈が提出されており、それぞれの説が成立する可能性も認められよう。このように異なった見解が出現する背景には、外来系土器が出土した遺跡の本来もつ性格や論者の歴史観の差異によるところも大きいが、基本的には外来系土器の意味に対する解釈の多様な可能性によるものであろう。とくに前方後円墳に比較して類例の少ない前方後方墳の性格を、性急に規定することは大変危険であるといえよう。成立時の前方後円墳の指標として、既述した近藤氏の3要素のほかに、畿内系古式土師器を用いた共通の祭祀が指摘されることが多い。しかしこれをもって、前期前方後円墳のすべてあるいは大部分を畿内から派遣された支配者の墓であると主張する人はいない。それはあまりにも古墳数が多いからであり、各地によって古墳を構成する要素に差異も認められるからである[7]。古墳や周辺の遺跡から出土する土器の系譜研究は有意義であるが、解釈にあたっては多様な可能性のあることを忘れてはならない。かつて、コッシナが犯した誤り[8]を繰り返さないよう、今一度原点に戻って研究する必要があろう。

2 中期古墳と土器—須恵器の導入と出土位置をめぐって—

中期は二時期区分法をとる場合、前期に含めて考えられている。つまり、前期との境よりも後期との境に画期を求めうるとされているのである。この頃（5・6世紀の交わり頃）、横穴式石室が各地に急速に受容される。そして、副葬品にも質や量的な変化が起こる。しかし、以上のことは地域を限るならばすでに中期の頃から始まっていた。須恵器の焼成や古墳への供献・副葬も、中期には開始されていた。ただし、その供献・副葬の位置には後期古墳との間に差異があり、場合によっては

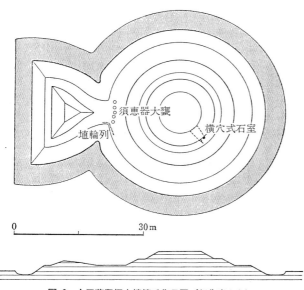

図 2 小田茶臼塚古墳墳丘復元図（報告書より）

このことが大きな問題を生ずることになる[9]。

さて，中期古墳では須恵器は墳丘や周溝から出土することが多く（土師器も同様の傾向を示すが，本節では須恵器に限定して述べる），これは前期古墳における土師器の出土位置と異ならない。福岡県小田茶臼塚古墳では，前方部と後円部の境に長軸と直交して据え置かれた大甕5個以上が破砕された状態で出土し，同じ場所から器台と甑も見つかっている[10]。土師器が須恵器に転換したことを除けば，前期古墳と異なる状況は認められない。ところが，中期古墳の中には主体部の中に須恵器を副葬した事例も存在している。しかし，これは須恵器生産が軌道にのらず供給が著しく不足していた段階のことである。したがって須恵器は貴重品で宝物ともいえる存在で（舶載品にいたってはなおさらのこと），後期古墳の主体部内に副葬された須恵器とは意味を異にするものである。大阪府野中古墳では，朝鮮半島洛東江流域地方からの舶載品である小型把手付（陶質）土器は，副葬前にすでに把手が失なわれていたにもかかわらず，主体部（木槨）内に他の貴重品と同様に埋納されていた。一方，墳丘上からは古墳築造時に置かれたと考えてよい器台が検出されているが，国産のものに限られる。すなわち，生産地の相違によって取り扱いに著しい差異が生じているのである[11]。

以上のように考えると，須恵器（陶質土器）が極めて稀少価値を有した一時期を除けば，中期古墳では主体部内へ須恵器を副葬することは一般的ではなかったと思われる。実際，初期横穴式石室では，石室内から須恵器を出土することは極めて稀である。ところが，横穴式石室は追葬を行なうことが多い。仮に，須恵器の数型式にわたる年代幅で追葬が行なわれたとする。そしてその間に須恵器の主体部内への副葬の風が普及し，何度めかの追葬の際に初めて須恵器を石室内に副葬するような事例の生じた可能性はないのだろうか。後期古墳ではあるが，島根県薄井原古墳や鳥取県大宮古墳では墳丘と石室出土の須恵器に型式差があり，前者の方が古相である。この場合，須恵器は墳丘からも出土しており，このため石室内から出土したものと比較することによって古墳の築造時期を考究する手がかりを得ることができたのである。しかし，石室以外から古相の須恵器が出土しなかったとしたら，また異なった見解を生んでいたことであろう。古墳の年代決定にあたっては，古墳そのものの形態を含めたあらゆる情報に基づいて行なう。しかし，ともすれば細分が可能であるという理由から，安易に須恵器の型式のみによって年代を求めることがないとは断言できないようである。これに類似した状況は，視点をかえれば後期古墳にも認められる。そこで，次節ではこうした問題を考えることにしよう。

3 後期古墳と土器—土器編年の細分化と古墳の編年—

後期古墳は前代とは異なり，主体部内に土器を大量に副葬することが多い[12]。このため，横穴式石室や横穴の場合，追葬のたびに土器が副葬されることが考えられる。とくに須恵器は副葬量が豊富で，型式学研究が進んでいることもあって，古墳の築造時期や墓としての使用期間などの考察への手がかりとして重要視される。今日では須恵器の型式研究から得られた年代観，すなわち須恵器編年を中心として古墳の年代を求めることが一般的である。その年代幅は，20年あるいはそれ以上に細分されたものとなっている。

型式学は考古資料を分類することである[13]。あらゆる観点から資料を凝視してわずかな差異を見つけ，ついには型式の設定を通して前後関係，すなわち編年体系を完成に導かねばならない。型式の設定は，可能な限り細分化の方向に進むことが

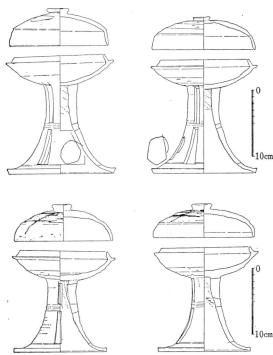

図 3 牧野古墳出土の有蓋高杯
（上段と下段で型式差が認められる。報告書より）

望ましい。しかし，細かくなればなるほど，前型式との同時併存の問題が生じることになる。なかでも消費地では，使用期間に対する配慮も不可欠なものである。このため，古墳に副葬された土器についても，型式差がすべて追葬によるものではなく，単一の埋葬に伴う副葬品に複数の型式の土器が含まれている可能性が考えられる。いま，最古の型式を示す須恵器によって古墳の築造年代が求められたと仮定しよう。この場合，実際に古墳が築造された年代よりも古い年代を求めることになる場合が生ずるのではなかろうか。土器の型式設定と編年の確立，そして古墳の編年。これらは密接な関係を有するのであるが，決して同一のものではない。奈良県牧野(ばくや)古墳[14]は，こうした懸念が現実の問題であることを教えてくれる。そこでは，横穴式石室に副葬されていた須恵器の有蓋高杯が一時期に置かれたものであるにもかかわらず，複数の型式のものが存在していたのである。

本節では中期古墳の場合に想定した問題点——実際の築造年代よりも新しく考える——とは全く逆の懸念を取り上げた。しかし，そうした問題が実際に起こるとすれば，それは土器自身の罪ではない。要するに，古墳自体を含むすべての情報を考慮しなければならないという当然の結論を再度確認して小稿を閉じることにしよう。

註
1) 石野博信「大和平野東南部における前期古墳群の形成過程と構成」『日本史論叢（横田健一先生還暦記念論集）』1976
2) 近藤義郎『前方後円墳の時代』岩波書店，1983
3) 高橋一夫「前方後方墳の性格」土曜考古，10，1985 ほか
4) もちろん，高橋説は土器以外にもいくつかの立脚点をもつものであるが，これについては今井堯氏によって詳細な批判がなされているので参照されたい。
   今井 堯「前方後方墳―若干の考察」土曜考古，12，1987
5) 塩谷 修「茨城県地方における方形周溝墓の出現とその性格」史学研究集録，10，国学院大学日本史専攻大学院会，1985
6) 置田雅昭「大和における古式土師器の実態」古代文化，26—2，1974
7) 最近，原秀三郎氏は前方後円墳の大部分が畿内から派遣された将軍の墓であると述べた。しかし立論は考古学上の根拠に乏しく，同氏の意図が証明されるには至っていない。
   原秀三郎「大和王権と遠江・駿河・伊豆―日本武尊伝説の歴史的背景―」静岡県史研究，4，1988
8) コッシナは特定考古資料の分布が民族の居住域と一致すると確信して，先史時代におけるドイツ民族の居住域を復元した。この研究は，彼の死後ナチスドイツによる領土侵犯の根拠とされた。コッシナ批判は次の書物にくわしい。
   H. J. エガース著，田中 琢・佐原 眞訳『考古学研究入門』岩波書店，1981
9) 土生田純之「古墳出土の須恵器(一)」『末永先生米寿記念献呈論文集』1985
10) 柳田康雄ほか『小田茶臼塚古墳』甘木市教育委員会，1979
11) 北野耕平『河内野中古墳の研究』大阪大学文学部国史研究室研究報告 2，1976
12) これは，前代からの墓上や墓前における祭祀とは異なった，新たに大陸から伝来した黄泉国思想に基づく祭祀の普及によるものと思われる。もっとも，これによって旧来の祭祀がすたれたわけではない。
   土生田純之「古墳と黄泉国―死穢観の変遷―」『日本書紀研究』第 16 冊，塙書房，1987
13) 横山浩一「型式論」『日本考古学 1 研究の方法』岩波書店，1985
14) 河上邦彦ほか『史跡牧野古墳』広陵町教育委員会，1987

集落と土器

天理大学附属天理参考館
■ 置田雅昭
(おきた・まさあき)

使用可能な完形の土器が捨てられるのはなぜか。内陸で出土する
製塩土器の意味するものは。奈良県布留遺跡例を中心に検討する

1 集落の性格と土器の廃棄

弥生時代の集落は農耕を生産基盤とし、これに適した低地に営まれることが多い。これに対し、古墳時代の集落は農耕を基本としながらも、政治的な動向によって、集落の盛衰が左右されたと考えられる。ここでいう集落の盛衰とは遺構の規模、遺構の性格、出土する土器量の多少から判断している。

布留遺跡[1]（図1）を例にして、集落の変動と土器の廃棄の仕方をみていく。

遺跡は3世紀前半に、丘陵沿いの3ヵ所のムラ（豊田、豊井、山口方）によって始まる。各々のムラは径100～150mの小規模のものであるが、3世紀後半に豊田ムラは衰退し、豊井ムラは西方に拡大して布留ムラを形成する。豊井ムラが拡大するのは、布留川扇状地の頂部に位置していて、布留川の水利権を掌握したからであろう。豊田ムラの衰退は同じ布留川水系にあったため、豊井ムラ拡大のあおりをうけたものと考える。この時期、布留川とは異なる水系に位置する山口方ムラには変動がない。

4世紀に布留ムラは徐々に拡大し、三島ムラができる。山口方ムラは一部に人の去った痕跡があるが、ムラは継続している。

布留遺跡が新しい展開をみせるのは5世紀後半である。布留川左岸、木堂方の山口に巨大な掘立柱建物群が出現する。布留川の水を南西に引くために、高台を横切る大溝が掘削された。この地は東の山を背にし、北は布留川、西は大溝[2]、南は浅い谷で区画されている。南の斜面には礫を葺石のように貼り詰めた、区画施設がある。地形を巧みに活用していて、区画された広さは約4万m²あり、一郭には朝廷の武器庫である石上神宮が位置する。この区画された範囲は豪族の居館であり、宗教的な逃避所[3]でもあった。

5世紀後半から6世紀の掘立柱建物は豊田川の右岸や、守目堂でも認められている。ともに一段高い場所にあり、木堂方居館と立地が似ているが、区画施設は見つかっておらず、地形から推定される規模も小さい。

3ヵ所の掘立柱建物群に対して、布留、三島のムラは扇状地にあり、洪水があれば冠水におびやかされる劣悪な環境で、竪穴住居に住んでいた。しかし、5世紀後半以降も引き続きムラが営ま

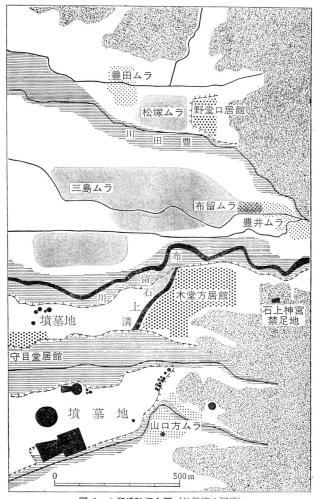

図1 布留遺跡概念図（並行線は河道）

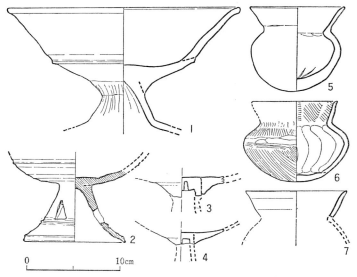

図 2 天理市石上神宮境内出土の土師器と須恵器

れ，各種の生産活動の場として栄えた。すなわち，土師器生産[4]，玉類[5]や木製刀剣装具[6]の加工，鉄器の生産と加工，塩の再処理などが行なわれた。鉄器の生産と加工や，塩の再処理は高台でも行なわれたが，主な工房は居館の区画外にあったらしい。

大雑把な言い方をすれば，農耕および，その他の2次的な生産活動の場と，これを保管，管理する政治的な場に分れている。言葉をかえれば，低地と高台，竪穴住居址と掘立柱建物，ムラと居館と対比できよう。木堂方居館には神殿（ここでは禁足地）を設けることにより，全体を統括していた。神殿，居館，ムラの3つの性格をもつ遺跡を，仮に都市[7]と呼んでおこうと思う。

次に3つの性格をもつ地域の，土器の廃棄についてみていこう。神殿は聖なる場所のため，まつりの道具は片付けられ，近くに廃棄する。石上神宮は現在，約100m四方の壇の上にあり，そのほぼ中央に禁足地があるが，壇の上からは土器が出土しない[8]。しかし，壇の東斜面には土師器，須恵器の散布が認められ，まつりの道具を廃棄したのが知られる（図2）。

まつりは神殿地域に限らず，ムラでも繰り返し行なわれた。豊田川沿いの斜面に，一括して廃棄してあった遺物[9]は，多数の滑石製玉類，鉄製農具のミニチュアと，土師器高杯60，同小型壺2，同甕1，須恵器甕1である。また，布留のムラの

自然流路からは高杯，小型壺などのまつりの土器が多数出土する。まつりの土器は赤く焼きあげ，焼成が軟弱でくらしの土器と区別しやすい。まつりの道具を一括して，土壙に納めたりした例はない。また，まつりの土器は故意に破砕されたとする指摘がまま見うけられるが，そのような痕跡はない。

居館とムラから出土する土器に，器種構成の上で違いがあるか否かを検討したことがない。しかし，ムラの土器量に対して，居館の土器は相対的に少ないことは言える。居館は度々の建て替えにもかかわらず，柱穴からほんのわずかな土器片しか出土しない。居館の井戸は遺棄されてのちに，意図的に埋めてあるが，数点の土師器片が出土するにすぎない。居館地域では，ゴミ捨て用の土壙は認められなかったし，南斜面の貼り石部分にも，ほとんど土器はなかった。大溝からは多量の土器が出土するが，居館が廃絶してのちの，6世紀後半以降の土器が数多い。居館の年代を示す土器が数少ないのは，時々，溝さらえが行なわれたためかも知れない。いずれにせよ，居館はきれいに整理してあったのだろう。

これに対して，ムラでは所かまわず土器を捨てている。自然流路やくぼ地からは多量の木製品にまじって，甕，壺，高杯，鉢，杯など，生活用具のほとんどすべてや，食物の残滓が出土する。ゴミを捨てるために掘った土壙はない。ムラの中は生活の廃棄物で一杯であったというのが実情であろう。

さきに，山口方のムラでは4世紀に，一部の人がムラを去っていったと述べたが，これは次のような状況から推定したものである。1988年の調査で径5m，深さ1mの水溜め状の遺構が発掘された。遺構は湧水点を掘り，周辺の水を溝でひくとともに，あふれた水は自然流路に流れるようにしてあった。遺構は水汲み場の性格をもっていたらしい。ここからは半ば焼けた木製農具，織機の部材などと，数十個体の完形品を含む多量の土器が出土した[10]。土器は庄内式期のもので，一括廃棄したものである。水汲み場に接して，布留式期の竪穴住居がある。土器編年の上からは庄内式から布留式期に継続するが，一時的にせよ，水汲み

50

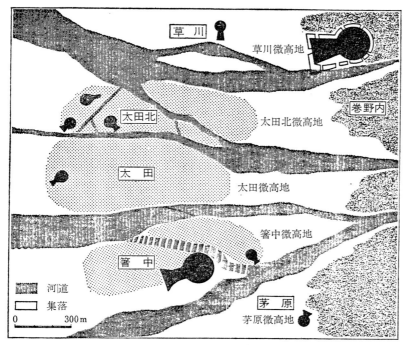

図3 纒向地域の復元（寺沢薫「纒向遺跡と初期ヤマト政権」より）

場に生活用具のすべてを廃棄している。これはここに住んだ人が生活用具を整理して，どこかへ移住したことを暗示している。もし，同じムラの中で住居を変えたのなら，使用可能な農具や土器を捨てることはなかったであろう。

布留遺跡は5世紀後半に，都市として整備されることをみたが，桜井市纒向遺跡も神殿（三輪山），居館，ムラが一体をなした4世紀の都市であったと考える[11]。纒向遺跡は6つのムラで構成された集落群とされている（図3）。しかし，いずれが中心的なムラであったのかはわかっていない。一般に，発掘調査が数多く行なわれている，太田北ないし，太田のムラが中心と考えられがちであるが，これは矢板で整備された水路があり，出土土器量が多いからである。また，太田北微高地の第6地点掘立柱建物[12]を，中心的な建物とする見解もあるが，居館とするには貧弱である。太田北あるいは太田のムラはゆるやかな傾斜地であるが，河川の影響をうけやすい低地であり，居館を営むには適していない。居館はこれらのムラより東の高い所と推定しておく。

ところで，太田北，太田のムラで，計34カ所の土壙と，土壙に隣接するいくつかの4本柱建物がある。土壙は径1m前後のものや，3〜5mのもので，深さもまちまちであるが，いずれも湧水点を掘っている。土壙からは焼けこげのある船形，儀杖などの木製品，自然木，種子，壺・甕・高杯などの完形品を含む多数の土器が出土する。甕には煤が付着し，実用にされたことがわかる。土器には東海，山陰など各地からの搬入土器と，在地の土器が混在する。

報告書[13]は4本柱建物を神殿にみたてて，「水と火のまつり」に用いた道具を，土壙に廃棄あるいは埋納したとしている。しかし，土壙のいくつかは，壁にそって木枠を残し，あるいは杭を打って土留めとしたもの，多数の礫のあるものがある。こうした土壙は素掘りではなく，内側に木や石の囲いがあったことを示していて，水汲み用の井戸と思われる。木製品にはまつりをうかがわせるものがあるが，これらは不要になって焼いたものであり，焼くことに宗教的な第一義があったとは思えない。完形土器も不要になったから捨てたもので，種子は食料の残渣であろう。これらを井戸に捨てたのは，井戸も不要になったからであろう。このようにみると，纒向遺跡では度々井戸がゴミ捨て場になり，新たな井戸が次々に掘られたことを示している。時期をおかずして新しい井戸を掘ること，繰り返し完形の土器を捨てることを，纒向に新たに来た人，去る人の激しい動きと読み取りたい。

纒向遺跡の搬入土器が占める量の多さは，寺沢薫の分析に詳しいが，寺沢はこの分析から纒向遺跡に市としての機能があったことを強調した。多数の人が集まる所に市が開かれることを否定しないが，壺・甕・高杯・杯・器台の各種の搬入土器で，甕が62％の高率を示すことを重視したい。壺は容器であり，交易によっても広く流通するが，甕・鉢・高杯といった炊事・飲食の具は，彼地からやってきた人々の姿を反映しているのではないだろうか。そして，新しく井戸を掘るのは，彼らが一定期間ここに住んだことを示している。

51

1987年に発掘された，谷水を引いた水道施設も，一時的に増加した人々をまかなうためのものであったと考える。これらは，古墳造営に動員された，人々の痕跡ではないだろうか。

2 製塩土器と初期須恵器

大阪，奈良では5世紀後半から6世紀前半のほとんどの集落遺跡から，製塩土器が出土する。それは高さ約6cm，卵形の一端を切った，薄い土器である。外面が平滑で素文のものと，叩き目に似た圧痕のものがある。

布留遺跡では6,500片が出土し，東大阪市辻子谷遺跡[14]，同鬼塚遺跡[15]，四條畷市中野遺跡[16]では，1,000片あるいは2,000片を越える数が報告されている。橿原市曽我遺跡[17]，桜井市脇本遺跡なども多量出土の遺跡である。これらの製塩土器は限られた時期に，多量に内陸から出土する点で，4世紀以前，あるいは7世紀以降の製塩土器とは際だった違いがある。

布留遺跡では叩き目状圧痕のものが，全部の製塩土器の6.8%を占め，残りは素文である。遺構，堆積層の別に比較しても，叩き目状圧痕の土器は7.61%を最高値とし，10%を越えることはない。東大阪市域12遺跡の平均値は，叩き目状圧痕の土器が14.1%を占めるが，遺跡別にみると，バラつきがある（表1）。東大阪市域の遺跡では，叩き目状圧痕の土器が4分の1近く占める例があるが，素文の土器が優性である。しかし，四條畷市中野遺跡では，約100点の製塩土器の90%が叩き目状圧痕をもつという。

叩き目状圧痕の製塩土器は，備讃瀬戸の海岸で生産されたと言われているが，名古屋市熱田貝塚（図4）にもあって，確かなことはわからない。素文の製塩土器は紀淡海峡のものとみなしてよいであろう。2種の製塩土器が河内湖沿岸で生産され

表1 東大阪市域の遺跡別製塩土器[18]（単位%）
（ただし1地区100点以上出土に限る）

遺跡（調査年）	素　文	叩き目状圧痕
若江遺跡	95.1	4.9
鬼塚遺跡	89.4	10.6
辻子谷遺跡	88.8	11.2
神並遺跡	85.5	14.5
芝ケ丘遺跡（昭和54年）	81.4	18.6
縄手遺跡（昭和48年）	78.8	21.2
（昭和52年）	74.3	25.7

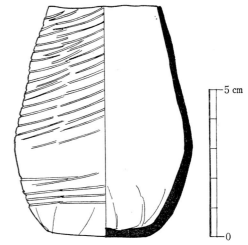

図4 名古屋市熱田貝塚出土製塩土器

ていたとする意見[19]もあるが，当時の河内湖は塩分濃度が低く，製塩に適した立地とは言えない。河内湖に面した遺跡のどれをみても，出土した製塩土器量が少なく，この地域で第1次的な製塩が行なわれたとは考えにくい。

ところで，内陸（河内湖沿岸を含む）の製塩土器は，布留遺跡，四條畷市中野遺跡に代表されるように，漢式系土器あるいは初期須恵器を伴う。また，滑石製紡錘車，同有孔円板，同臼玉を伴うことも特徴の1つである。布留遺跡ではまた，微粒の炭や灰の広がりの場所から製塩土器が出土するのを確認している。

製塩土器に玉類が伴う事実については，2つの解釈がある。1は滑石製の玉類は，まつりの道具であるから，製塩土器は浄めに用いた塩の容器とする[20]。2は海岸から塩製土器に詰めて，運ばれてきた荒塩を再度火にかけて精製したもので，その際に滑石の玉類を用いたまつりが行なわれた[21]とする。

海岸地域の第1次的な製塩遺跡でも，滑石製玉類が出土するから2の見解[22]が当を得たものと思われる。加えて，四條畷市奈良井遺跡[23]では，海岸地域の製塩遺跡と同じ構造の石敷炉があり，ここで最終的な製塩作業が行なわれたことがうかがえる。加えて，前述の布留遺跡の高杯を用いたまつりは，製塩土器が伴う時期のものであるが，一括遺物に製塩土器を含んでいなかった。

内陸出土の製塩土器について，岡崎晋明の興味深い仮説がある。すなわち，5世紀後半から6世紀にかけて，製塩土器が爆発的に増加すること，土器がほとんど同じ大きさに統一されていること

などから，塩の生産と配分に，豪族による統制があったとするものである[24]）。

5世紀後半は強大な大王権の確立する時期であり，中国の『塩鉄論』[25]）が示すように，古代社会における塩の統制は重要であったことがうかがえる。しかし，恐らくは生産地を異にする叩き目状圧痕の土器と，素文の土器が入り乱れて出土する状況は，統制を考えるのに不都合である。むしろ，製塩土器が初期須恵器に共伴して，一挙に内陸に進入する現象を重視したい。この時期に，陶邑（すえむら）産の須恵器の流通機構が整備され，これの販路の拡張に伴って，須恵器とともに製塩土器が内陸にもたらされるようになったと考えたい。製塩土器の増加は焼成技術の革新がすすんだからであり，製塩土器の大きさが格一化するのは交換の単位として確立したからではないだろうか（この点については，大王権が介在したかも知れない）。

畿内地方における陶邑での一元的な須恵器生産は，6世紀後半に衰退のきざしをみせるが，この時期に内陸の製塩土器が減少するのも，製塩土器が陶邑産須恵器と無縁ではなかったことを暗示している。内陸出土の製塩土器の大多数が，紀淡海峡産とみなされるのは，陶邑に近く地の利を得たからではないだろうか。

最後に，口絵に用いた一括土器について触れておく。6世紀後半の造り付け竈に伴う土壙から出土したもので，長胴の甕3点，甑1点，小型台付甕1点，須恵器杯1組がある。造り付け竈は平地式住居に伴うらしい。小型台付甕は東海地方産である。造り付け竈の普及に伴い，近畿地方では須恵器杯，関東地方では土師器杯が数多くなる。2種の杯の出自，用途について述べる予定であったが，紙幅を越えたので割愛する。

註
1) 置田雅昭・山内紀嗣ほか『布留遺跡範囲確認調査報告書』1979
2) 置田雅昭「布留遺跡の発掘調査―発掘した大溝と日本書紀の石上溝―」歴史教育，17，1980，山内紀嗣・高野政昭『布留遺跡杣之内木堂方地区発掘調査概要』『布留遺跡研究中間報告』2，1981
3) 『日本書紀』履中天皇即位前紀，雄略天皇三年四月条などにみられるアジール（Asylum）としての性格。
4) 浅い楕円形（径1.3×2.3m）の土壙と溝状の土壙（長さ1.5m，幅0.4m，深さ0.3m）が重なったもので，床面に0.5〜1.0cmの灰層があった。灰にま

みれて1個の小型丸底壺が出土した。土師器の焼成施設で，溝状の土壙は火通しの施設と考える。
5) 置田雅昭「古墳時代手工業の1例―奈良県天理市布留遺跡に於ける玉作り―」国分直一博士古稀記念論集『日本民族文化とその周辺』＜考古編＞1980
6) 置田雅昭「古墳時代の木製刀把装具」天理大学学報，145，1985，置田雅昭「古墳時代の木製刀剣鞘装具」考古学雑誌，71―1，1985
7) 都市の規定には種々の議論があるが，ここでは神殿の存在を重視している。
　三上次男「序説―古代文明発展の諸問題―」『古代史講座』3―古代文明の形成，学生社，1962
　町田　章「都市」『日本考古学講座』4―集落と祭祀，岩波書店，1986
8) 福岡県沖ノ島遺跡には神の持ち物である鏡，石製品などが出土する露頭遺跡と，土器が主体の散布地がある。後者はまつりに用いた土器の集積場（捨て場）と考えられる。宗像神社復興期成会『沖ノ島』・『続沖ノ島』1958・1961
9) 置田雅昭「古代の祈り―布留遺跡での事例―」よのもと，84，1985
10) 山内紀嗣氏を班長とする調査班が行なったもので，出土土器の総数はまだ出ていない。
11) 纒向遺跡を都市と規定したのは寺沢薫氏である。ただし，本稿の都市とは若干違いがある。寺沢　薫「纒向遺跡と初期ヤマト政権」『橿原考古学研究所論集』第6―創立45周年記念，吉川弘文館，1984
12) 寺沢　薫「纒向遺跡発掘調査概報　昭和53年度」『奈良県遺跡調査概報1978年度』1978
13) 石野博信・関川尚功『纒向』奈良県立橿原考古学研究所，1976
14) 埋蔵文化財研究会第19回研究集会『海の生産用具』1986の才原金弘作成資料
15) 才原金弘「東大阪市内出土の製塩土器」II，東大阪市文化財協会『紀要』I，1985
16) 註14）文献の野島稔作成資料
17) 関川尚功「曽我遺跡発掘調査概報」I『奈良県遺跡調査概報　1982年度』1984
18) 註14）文献に同じ
19) 野島　稔「大阪府下における製塩土器出土遺跡」ヒストリア，82，1979
20) 高野政昭「布留遺跡出土の古墳時代製塩土器」天理大学学報，157，1988
21) 海岸の製塩遺跡でも滑石の玉類を用いたまつりが行なわれている。亀井正道「祭祀遺跡―製塩に関して―」『新版考古学講座』第9巻，雄山閣，1971
22) 岡崎晋明「内陸地における製塩土器―奈良盆地を中心として―」『橿原考古学研究所論集』第4―創立40周年記念，吉川弘文館，1979
23) 註19）野島文献に同じ
24) 註22）岡崎文献に同じ
25) 曽我部静雄訳註『塩鉄論』岩波文庫，1982年初版，1984年第3刷

渡来人の移住と模倣土器

埼玉県立歴史資料館
■ 酒井 清治
（さかい・きよじ）

関東では搬入された須恵器を模倣する土師器が認められるが，それ
は5世紀から6世紀前半にかけての大きな社会的変革を示している

須恵器生産の遅れた地域の土師器を見ると，その土師器は搬入された須恵器を模倣する場合が多い。須恵器模倣の意図はその土器が貴重であり，宝器的性格，祭祀的性格を意図する場合など，さまざまが考えられる。また，古墳時代の土器としてとくに畿内では，朝鮮半島系軟質土器の影響も無視できないものがある。

このような古墳時代の土器について，初期須恵器の一大生産地であった大阪周辺と，須恵器の搬入の遅れた関東を取り上げて，土器の模倣行為について比較してみる。

1 畿内の模倣土器

畿内の布留式土器は，須恵器の出現までを指すが，それ以降も併存するという考え方もある。いずれにしろ須恵器出現前後で土師器の器形は大きく変化する。その変化の直接的な原因は，朝鮮半島からもたらされた土器，あるいは渡来人がわが国で製作した土器の影響，融合によったと考えられる[1]。彼らの製作した土器を半島系土器，漢式土器，韓式系土器などと呼ぶが，その大きな特徴は軟質土器であるにも関わらず，平行・格子・縄蓆文の叩きを持つことで，角状把手を持つ大型甑，同じく把手付堝，小型平底鉢，長胴の甕など煮沸土器が主体である。このような土器は大阪では生駒西麓の扇状地，あるいは古代河内湖沿岸などで多く出土するが，この中にはわが国で製作された製品も多い[2]。その後これらの土器は，叩き技法から刷毛目技法に移るが，これも含めて韓式系土器と呼ぶ場合もある。しかし，厳密には後の土師器に連なり，土師器に取り入れられた器形と考えてよいであろう。すなわち渡来人の基本的な製作技法は叩き技法であり，それを放棄した時点ですでに土師器化したといえるであろう。

また，軟質土器は須恵器生産開始時，須恵器の器形にも取り入れられている。須恵器は本来，伽耶，百済の陶質土器が母体となって成立するが，揺籃期には四ツ池遺跡に見られるような，土師器

の器形を持つ須恵器から，土師器工人の参画があったことが知られている[3]。しかし，渡来人の参画はさらに多かったようで，陶邑 TK73, TK85号窯に見られるような甑，小型深鉢など煮沸土器の器形に見られる。また，須恵器の格子叩きも軟質土器の影響を受けた可能性がある。煮沸土器である日常雑器が取り入れられたことはそれを使用した人，つまり渡来人が生産に関わっていたと考えるのが妥当であろう。それを証明するように窯跡に近接する地域から技法，器形は軟質土器でありながら，焼成は須恵質のものが出土する。

このように畿内においては5世紀中葉から後半に移住した多くの渡来人との交流により，土器の変革期を迎えたが，それは一方では半島からの竈の導入，およびそれに伴う長胴甕あるいは堝などが，生活様式を変えていったと考えられる。

2 関東の模倣土器

関東における土師器の変革期の一つは，須恵器の模倣に始まる鬼高式土器といえる。杉原荘介氏は須恵器蓋坏を模倣した坏を，鬼高式土器を表徴するものの一つであるとして，6世紀の年代を与えた[4]。しかし，その後須恵器と土師器の共伴例から，鬼高式土器の開始が5世紀に遡る可能性が指摘されてきた[5]。事実，須恵器の模倣行為を取り上げるならば，5世紀後半の須恵器移入当初からすでに始まっていた。また，5世紀後半代には竈が導入され，それに伴う甕の長胴化，あるいは甑の大型化，小型丸底壺の消滅が特記される。

まず，須恵器模倣土師器について埼玉県後張遺跡を例に上げてみる。立石盛詞氏は後張III・IV期を和泉期，V〜VII期を鬼高期と考えられた。そして，埼玉で最も古い土師器と須恵器の良好な共伴例は，舟木遺跡の TK216 と後張IV期並行の土師器であるとした。後張遺跡でもIV期には169号住居跡から有段口縁を持つ甑模倣土器が出土する。このような例から，立石氏は後張IV期が須恵器を認識した段階で，5世紀中葉の時期とした。

続く後張Ⅴ期は，北武蔵でも多くの初期須恵器が共件する時期で，須恵器坏を模倣した有稜，有段の土師器坏の出現時期でもある。しかし，この模倣坏はまだ定型化せず，定型化は次の後張Ⅵa期の6世紀前半である[6]。

千葉県における和泉期の土師器を編年した村山好文氏は，和泉期をⅠ～Ⅲ期に分けられ，5世紀第1四半期前後から5世紀いっぱいと考えられた[7]。村山氏のⅠ期は後張Ⅱ期の新しい時期，Ⅱ期は後張Ⅲ・Ⅳ期，Ⅲ期は後張Ⅴ期にほぼ並行すると考えられる。村山氏は須恵器の出土開始はⅢ期の段階で，TK 208を中心とするとした。並行する後張Ⅴ期でも同様であるが，埼玉においてはこの段階ですでに模倣坏が出現するのに対して，千葉ではまだ見られず，竈の出現も遅れる。しかし村山氏のⅡ期の外原遺跡では，外原1号，4号住居跡から土師器甑が出土する。焼成後の穿孔であるが，須恵器と同様やや上に向けて穿孔しており，いずれも二重口縁であることからも，須恵器の模倣土器である。後張遺跡でもこの時期に並行する後張Ⅳ期に甑模倣土器は出現する。

千葉および埼玉でも坏模倣土器に先行して，ほぼ同時期に甑模倣土器は出現するようであり，立石氏が述べるようにこの頃須恵器を認識したのであろう。この二つの地域で最初に須恵器甑の模倣土器が導入された要因は，坩形土器などの腹部穿孔を行なう祭祀行為と無縁ではないと考えられる。たとえば東京都中田遺跡E-3号住居跡では，五領期の腹部穿孔土器が出土するが，類例は各地に見られ，その行為は小型壺に限らず大型品にも見られる。このように，前代から続く腹部穿孔行為は小型丸底壺に多く，甑はその行為と類似した器形であることから，いち早く土師器に取り入れられた器形で，液体を注ぐ甑の特性とともに，祭器としての性格が付加されたと考えられる。須恵器を模倣しただけではないことは，陶邑の須恵器集積地といわれる陶邑・深田，あるいは伽耶系陶質土器の多く出土する，和歌山県楠見遺跡に出土することからも窺える。また畿内では坏の模倣がほとんどないことは，甑模倣土器の特殊性を指摘することができる。

この土師器甑は，古墳の周溝に並べ置かれた状態や，土器集積遺構から石製模造品，手づくね土器と共件する例や，集落などから出土することから葬送儀礼あるいは神まつりの両者に使われた儀器，祭器といえよう。甑本来の性格が，酒などを注ぐ容器と想定できることから供献だけでなく，直接まつりの場で使用する器であったと考えられる。しかし，須恵器が祭祀土器群の中心として置かれる場合が多いのに比べ，土師器甑は中心になることはなく，それを構成する土器群として扱われている。

その後小型丸底壺の消滅，石製模造品の減少とともに，その祭器としての性格はやや希薄となったようで，6世紀に入り量的に激減する。6世紀の埼玉県小前田9号墳の羨道部から4個出土した土師器甑のように，須恵器と同様に使われる場合もあった。

これに対して坏模倣土器は，須恵器の坏身か蓋か判然としない有段，有稜の坏の見られる，須恵器模倣の揺籃期である後張Ⅴ期から，TK 23～TK 47の蓋に酷似した有稜の坏身が多量に製作される後張Ⅵa期を経て，坏身の模倣をも行なうようになっていく。坏身の模倣は坏蓋に遅れるが，各地においてその模倣時期も違えば量的にも違いがある。たとえば群馬，埼玉では蓋の模倣形態が多いのに対して，千葉などでは身の模倣形態が多く見られる。それは土師器工人の模倣行為当初の導入過程による違いといえるであろうが，その背景には坏身，坏蓋の明確な区別を意識していない土師器工人が，より前代からの伝統的な坏に近い形態を模倣したためだと考えられる。

このように関東においては甑と坏の模倣土器が見られるものの，前者は祭祀行為と関わるため早く消滅，あるいは性格を転化したといえるが，後者は日常雑器として取り入れられ，土師器の主体的な器形となっていった。

次に竈に伴う長胴甕，甑について見てみる。関東の竈の導入は，埼玉北部の本庄市周辺が最も早かったが，竈の導入が西方から伝播した立場を取る筆者は，この周辺に多い搬入された初期須恵器あるいは須恵器生産の開始，格子叩きの埴輪の出現と無縁ではないと考える。しかし，竈が導入される5世紀後半代であるにも関わらず，畿内の土器との関連がやや希薄である。竈に関わる甕の長胴化は畿内では伝統的な丸底であるのに対して，関東においては前代につながる平底である。丸底の甕を全く知らなかったわけではなく，本庄市二本松，雌濠遺跡などで，畿内系の丸底壺が出土している例からも，長胴化する動きは敏感に取り入

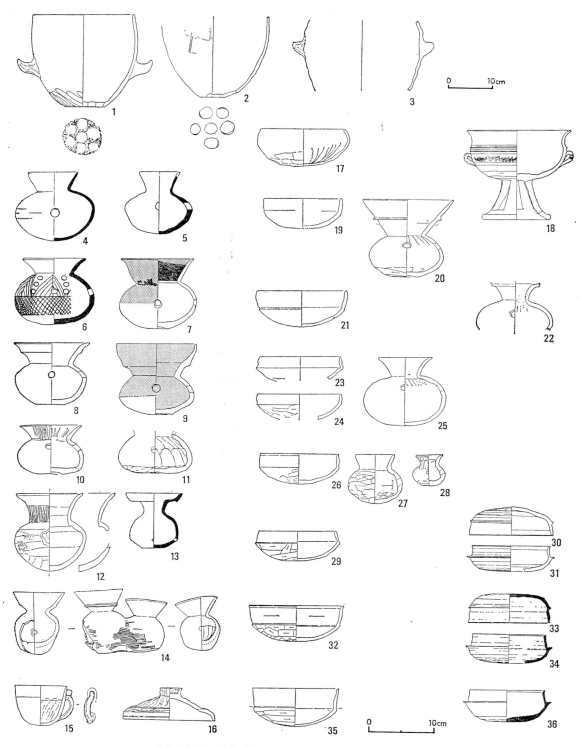

模倣土器と共伴遺物（18・22・30・31・33・34・36は須恵器）
1：埼玉県武良内2号住居跡　2・3・11：同古川端8号住居跡　4：和歌山県楠見遺跡　5：大阪府陶邑・深田遺跡　6：長野県駒沢新町遺跡　7：千葉県外原9号住居跡　8：同1号住居跡　9：同4号住居跡　10：埼玉県夏目11号住居跡　12：同小前田9号墳　13：東京都中田E-3号住居跡　14：埼玉県夏目51号住居跡（三連壺）　15：三重県高瀬遺跡　16〜18：埼玉県諏訪49号住居跡　19・20：同後張169号住居跡　21・22：群馬県上滝1号溝　23〜25：埼玉県諏訪45号住居跡　26〜28：同下田6号住居跡　29〜31：同若宮台40号住居跡　32〜34：同ミカド50号住居跡　35・36：同後張92号住居跡

れたものの，器形は模倣していない。甑にしても大型化するものの把手はなく，底部はほとんどが大きな単孔で和泉期の形態を大型化した折り返し口縁を持つもの，甕を穿孔したような器形も見られる。同時期の畿内の甑にも単孔は存在するものの，把手付であり大きな違いを見る。これに対して武良内遺跡，古川端遺跡，後張遺跡例のように，畿内出土の韓式系土器の系譜を引く，多孔で角状把手が見られるものがあることは，畿内の土器の模倣なのか，渡来人との関わりがあるのか検討すべきであろう。

3　畿内と東国の模倣土器の違い

5世紀後半の畿内と関東の集落の土器組成を見た場合，畿内が韓式系土器を取り入れたのに対して，関東では竈の導入，須恵器の移入などから，須恵器の模倣などの土器変革が行なわれている。この模倣対象土器の違いはなんであろうか。

畿内では半島からの多くの渡来人の移住により，土師器と韓式系土器との融合が成されたが，渡来人特有の叩き技法は和歌山など，地域によっては遅くまで残るものの，早く消滅していく。しかし，煮沸土器には韓式系土器の器形の特徴は引き継がれてゆく。それは畿内の煮沸形態が伝統的に大型丸底甕と小型丸底甕が中心に使われていて，製作技法も西弘海氏がいわれる，「弥生時代後期の叩き目技法の採用，庄内式における内面箆削り技法の採用と丸底への接近，そして布留式における押出し技法による完全な丸底化と叩き目技法の放棄」という土器製作技法の変遷の内，叩き目技法と押出し技法による甕の製作が，大陸の土器製作技法の影響下に成立したと考えられている[8]ことから，韓式系土器を取り入れる下地がすでに出来ていたのであろう。また，韓式系土器が土師器に影響，融合するほど，渡来人の数が多かったのであろう。土師器の中に須恵器の模倣が少ないのは，生産址との地理的な位置関係から，須恵器が入手し易い状況であったためであろう。

それに対して東国では，東海地方に代表されるS字状口縁の台付甕や平底の甕が主体で，小型の甕は少ない。さらに新しくは堝を導入していない。このような畿内との煮沸土器形態の違いは，畿内との斉一性をもつ小型丸底壺，小型器台などと大きな相違を見ることができる。この違いが土器を模倣する行為にも影響を与えたのではなかろ

うか。すなわち，畿内から伝わった祭祀形態とともに導入された祭器には容易に畿内の須恵器あるいはそれを模倣した土器が使われたものの，伝統的な煮沸形態に関しては，畿内のように受け入れる下地がなかったため，渡来人との関わりから韓式系土器を生むこともなかったと考える。しかし，渡来人の数が案外多かったと考えられるのは，武良内遺跡，古川端遺跡のような韓式系土器と関わりある甑が，伝統的煮沸形態の中に生まれていることから推し量ることができる。

このように畿内と東国の模倣土器は，両地域で類似する甑に関しては，他の須恵器の器種に先がけて模倣していることは注目できることで，斉一性ある土器を生んだ祭祀との関わりと結びついて生まれたもので，酒を入れ注ぐ容器と考えるならば，葬送や神まつりに使われた儀器，祭器と解釈できるであろう。

それに対して甕は，東国，畿内とも大型傾向の中で竈を導入するなど大きな生活様式の変化が見られるものの，東国では堝を受け入れないなど伝統的な煮沸土器様式を変えることはなかった。このように模倣土器は祭祀に関わるものと，日常雑器として導入されたものがある。

模倣土器に見る変化は土器や祭祀の変化に留まらない，5世紀から6世紀前半にかけての大きな社会的な変革期であったといってよい。その要因の一つが渡来人の移住とそれに伴う諸文化と，そこから生まれた生産性の拡大であろう。

　註
1)　米田敏幸・坪之内徹 「韓式系土器」『古市古墳群とその周辺』古市古墳群研究会，1985，中西克宏「須恵器出現期の土師器―煮沸用土器を中心に―」『紀要』I，東大阪市文化財協会，1985
2)　堅田　直「韓半島伝来の叩目文土器（韓式系土器）について」『日・韓古代文化の流れ』帝塚山考古学研究所，1982，永島暉臣慎ほか『韓式系土器研究I』1987
3)　樋口吉文「四ツ池遺跡出土の須恵器」『陶邑』III，大阪文化財センター，1978
4)　杉原荘介『土師式土器集成』3―後期，1973
5)　大塚初重「土師器・須恵器の編年とその時代」『日本考古学を学ぶ』1，1978
6)　立石盛詞ほか『後張』本文編II，埼玉県埋蔵文化財調査事業団報告書第26集，1983
7)　村山好文「房総における和泉式土器編年試案」『日本考古学研究所集報』V，1982
8)　西　弘海「西日本の土師器」『世界陶磁全集』2―日本古代，1979

古墳の成立と土器の移動

―― 東海西部系土器の動向 ――

愛知大学非常勤講師
■ 加 納 俊 介
（かのう・しゅんすけ）

古墳出現に先立って大地域間の交流が活発になり土器が全国的規
模で動いていく。とくに関東には東海西部系土器が多数流入する

　近年，定型化した前方後円墳の成立に先立って
まず，全国的規模での土器の交流があったことが
明らかになり，大いに注目されている。弥生時代
後期，地域的大様式は「排他的な構造を持ち，分
布境界線は明瞭で」あった[1]。ところが終末期に
到ると，なぜか大地域間の交流が活発化して，複
雑な土器の移動が始まる。そして間もなく出現し
たのが古墳なのであり，古墳成立の基盤を解明す
る鍵の１つが，この土器の交流の背後にあるもの
を明らかにすることにあるのは間違いない。

　ところで，私はかつて東海西部系の土器が関東
各地で目立つことから，弥生土器から土師器への
移行について，東日本では東海地方西部[2]との係
わりが無視できないと考えた。そして，弥生時代
後期に平底甕が一般的な東山道の諸地域では，様
式変化がかなり急激であったのに対し，台付甕が
盛行する東海道の諸地域においては，わりと漸進
的に変化するという，土器の動態に重要な相違が
あったであろうと憶測もした[3]。しかし資料の制
約から，土器動態の実相の解明がまるで不十分で
あって，歴史的に正しく位置づけ，評価すること
はできなかった。

　それから 10 年を経て，1986 年，名古屋市で開
催された研究集会「欠山式土器とその前後」は，
かならずしも明確ではなかった，東海地方西部の
土器編年および他地方の編年との併行関係を考え
る上で，少なからぬ成果をおさめた。他方では，
東日本各地の外来系土器を扱った研究がすでにい
くつかまとめられている。そうした研究成果に基
づいて，以下に東海西部系土器の定着の仕方か
ら，地域性とその意味を考えてみたい。

1　移動の始まりと範囲

　最初に，赤塚次郎によるＳ字状口縁台付甕（以
下Ｓ字甕）の型式分類を介して，宮腰健司提示の東
海地方西部・尾張の土器編年と，畿内地方・大和
の編年との併行関係を確認しておく[4]。宮腰編年

の４期（大参編年の欠山期）―５期―６期―７期―
８期は，Ｓ字甕Ａ類の出現・器台の小型化，Ｂ類
と小型器台・小型高坏の出現，Ｂ類の新傾向，Ｃ
類と小型丸底土器・小型鉢および柳ヶ坪型壺の出
現，Ｃ類の新傾向（？），をそれぞれメルクマール
とする。一方，纒向遺跡東田南溝南部中層におい
てはＡ類が少なくてＢ類が多い。同辻土壙４下層
ではＡ類１点以外はすべてＢ類で，その多くが新
しい傾向を示す。平城宮跡下層 SD6030 下層にな
るとすべてＣ類。こうした状況からみて，５期と
纒向２式（寺沢編年の庄内２～３式），６期と纒向
３式＜新＞（布留０式），７期と纒向４式（布留１式）
という併行関係が想定される。

　纒向１式（庄内０式）の東田北溝北部下層で出土
したブランデーグラス状の高坏は，一般に４期ま
で残存しない。だが，４期の朝日遺跡61Ｄ区 SD
03 出土の畿内系の高坏は纒向１式のものに酷似
する。寺沢編年の庄内１式が，庄内型甕の出現と
ともに，大型器台がほとんど姿を消し小型器台が
顕在化することを指標の１つとすることを勘案す
れば，４期（大参編年の欠山期）は纒向１式と併行
かやや新しいといえよう。ただし尾張において
は，いまだ肝心の４期以降の良好な資料が少な
く，畿内系土器の出土もごく微量であるため，以
上の土器編年と併行関係が完全に安定したわけで
はない。

　つぎに関東地方への流入の始まりについて。赤
塚次郎は，群馬県などにおいてＡ類がまったく例
外的存在であることから，Ｂ類の早い段階に関東
地方へのＳ字甕の流入が始まったと考えている。
これに対し比田井克仁は，南関東ではＡ類が散見
できるとして，北関東より古い段階からすでに流
入していたという。さらに白井久美子はＳ字甕の
定型化以前にまでさかのぼるとする[5]。関係資料
を十分に実見していないので，他の器種からみて
みよう。関東地方の東海西部系の高坏には，４期
のものといってもおかしくない例がわずかに存在

するが，そのほとんどは5期以降のものである。これはパレス・スタイル壺（以下パレス壺）の場合も同様であり[6]，東海西部系土器の関東地方への流入は，畿内地方への流入とほぼ同時に，5期＝纒向2式以降に顕在化するといえよう。

なお，比田井は宮腰編年2期（大参編年の山中期）の壺・甕・高坏の波及をも指摘する。類例が相模湾沿岸・相模川流域に集中すること，波及に大きな影響力をもった地域が西遠江らしいことからみて，別の意義を有する動きとして，区別して考えるべきだろう。

第3に波及範囲について。西はS字甕が岡山県の2〜3の遺跡，パレス壺の変形品が遠く佐賀県村中角遺跡に認められるものの，畿内以西への波及はまったく稀薄である。一方東は，東北地方南部までいくとS字甕もいまだ稀少な存在らしい。現状では，主要範囲は畿内地方から関東地方までといえる。

第4に，各地への波及に大きな影響力をもった地域を特定することが必要である。田口一郎はかつて，群馬県元島名将軍塚古墳の有段口縁壺を検討して，その出自を伊勢に求めた[7]。これの当否は別にして，波及当初の段階においては東海西部系を代表する器種こそ問題とすべきであろう。パレス壺の型式分類と分布から，浅井和宏はその盛行地が終始尾張平野（濃尾平野）にあったとする[8]。この地域にはA類のS字甕を出土する遺跡も集中しており，今後もっとも注目される地域といえよう。

2 動いた器種と各地での定着の仕方

古墳出現期の土器の交流は，各地域の土師器の最初の様式に，器種・器形の豊富化・多様化をもたらした。ことに関東地方などでは，後期弥生土器においても一般的な器種のほかに，後期弥生土器中にはほとんど見出せない器種が多数出現している。そして稲作受容期の大陸系磨製石器に関する下条信行の研究を参照すれば[9]，両者の受容・展開に違いがあったとも考えられる。

新しい要素として登場した器種には，小型器台・小型丸底土器・小型鉢の小型精製土器3種と小型高坏のほか，長頸壺・坩，高坏，器台，手焙形土器などがある。これらの中で確実に東海西部系といえるのは，パレス壺と共通した紋様をもつ瓢壺・小型高坏，口縁端部内側の面とりや形態の内湾志向が認められる瓢壺・高坏・器台（小型器台）など，搬入品と忠実な模倣品である。しかしあらたに普及した関東地方などの有稜形高坏は，畿内地方などのものより東海地方西部のものと近似度大であり，東海西部系の高坏を改変，定着したものである可能性が高い。たしかに北陸系の装飾器台などもあって簡単にはいえないが，宮腰編年5期＝纒向2式段階で新しく登場した器種には，東海西部の土器に出自があるものが多かったのではなかろうか。なお関東地方などでは，高坏・小型高坏・小型器台などの定着に際して，精製志向がいちはやく失われるらしく，また壺などの折返し口縁を活かした小型器台なども生まれている。

一方，後期弥生土器においても当然主要器種で

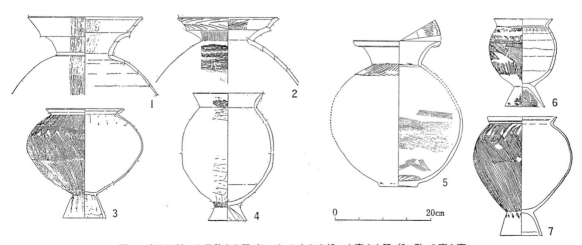

図1　東海西部・元屋敷式土器（1〜4）と東海東部・大廓式土器（5〜7）の壺と甕

59

あった壺や甕の場合には，地域地域で異なる，複雑な変化がみられる。宮腰編年7〜8期，東海地方西部では旧来のS字甕・単純口縁台付甕（低脚）がずっと支配的位置を占め，壺も有段口縁を導入しつつ独特な櫛描紋で飾っていく柳ヶ坪型壺が目立つ（図1左）。天竜川以東の東海地方東部は在来系の折返し口縁壺が主体で，縄紋で飾るものも確実に残存している。甕はS字甕と在来系の単純口縁台付甕が併用されるが，なかにはS字甕が多数を占める遺跡もあり，独自な変化も進行している（図1右）。ところが同じ台付甕地帯でも南関東・中南武蔵に到ると，S字甕はまったく特殊な存在で，壺・甕ともに在来系が主体となる。なお，そうした伝統の根強さの一方で，壺の無紋化がいわれているが，前2者との対比からいってなかなか信じがたい。

関東地方の中でS字甕が定着するのは，弥生時代後期，平底甕地帯であった上野南部と北武蔵・児玉地域であり，パレス壺の分布集中域とも重なる。それは甕の基本形態の違いを越えた現象であり，近接する台付甕地帯の中南武蔵との対照からも注目される。ただし定着状況は一様ではなく，細かい地域ごとに土器群構成を異にするらしい。またこの時期，東海西部の土器の流入・影響にも変化があった可能性がある。たとえばS字甕は，赤塚分類C類に特徴的な，山陰系の影響を彷彿させる口縁をもつものが散見される一方で，独自な変化が進んで行く。壺も無紋の有段口縁壺などが盛行し，畿内地方には流入している柳ヶ坪型壺をほとんど見出せない（図2）。

以上，東海西部を含めた東国各地の主体となる壺や甕を瞥見したが，ついでに東国への畿内系各種甕の流入状況をまとめておこう。まず庄内型甕は東海道地方の2〜3の遺跡において出土したのみで，いまだ稀少な在在といえる。これと比べると弥生後期型甕の類例は非常に多く，なかには愛知県伊保遺跡など大量に出土する場合や，静岡県三沢西原遺跡など台付甕にタタキメが認められる例もあって注目される。しかしこれの波及に大きな影響力をもった地域が特定されておらず，今後に問題を残している。いま1つの布留型甕も東国各地で散見される。ただし北陸地方のように，布留型甕が旧来の甕を駆逐して，定着するといった現象はみられない。

3 土器移動の背後にあるもの

古墳出現期，東海西部の土器は広範囲に多器種にわたって影響を与える。けれども各地での定着の仕方は一様ではなかった。これは何に由来するのだろうか。

広範囲に移動する庄内型甕やS字甕に関して，置田雅昭は，商品として流通した第1次的な範囲と，それ以外の要因によりもたらされた第2次的な範囲があるとする。そしてS字甕が同じ台付甕地帯でスムーズに受容され，一部で定着する理由として，「煮沸具としての優秀性」を考えた[10]。ところが，S字甕には同時期の庄内型甕などと異なる点がいくつかあり，器壁の薄化に内面ヘラケズリ技法を利用しない。さまざまな大きさをもち，ミニアチュア品，なかには三連S字甕さえ生み出されていく（図3）。さらに墳墓出土例が各地にあって，S字甕の移動の場合には「煮沸効率のよい甕」以外の，他の要因も考慮する必要があるだろう。

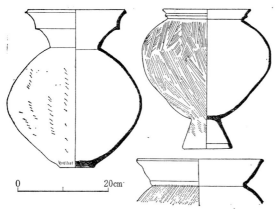

図2 北関東・石田川式土器の壺と甕

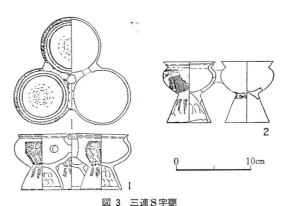

図3 三連S字甕
（1：静岡県野中向原遺跡　2：長野県石行遺跡）

甕の基本形態の違いを越えた，上野南部と北武蔵・児玉地域へのＳ字甕の定着については，以前から地元では，東海西部の人々が移住してきた結果と理解されている[11]。この地域では様式変化がかなり急激であるが，あらたに成立した石田川式土器を伴う遺跡は，弥生時代の集落が稀少な沖積平野にとくに濃密に分布している。他方，同時代の濃尾平野においても，旧来の拠点的大集落の解体と新しい集落の出現＝ムラの移動がみられる。そうした大きな変動の過程で，たしかに東海西部から関東北部へ一部の人々が移住した可能性はあるが，それも特定の地域に限定されよう。

そもそもＳ字甕の東日本への波及は，庄内型甕の西日本への波及とほぼ同時に始まっており，全国的規模の土器移動の一環としてとらえる必要がある。それは古墳出現に先立つ大地域間交流の活発化を意味するが，岩崎卓也は「大和を中心にくり広げられた，広域にわたる流通機構の再編成」に基づく現象と考える。そして東日本におけるＳ字甕に代表される東海西部系土器の特殊な動きは，濃尾平野の人々が畿内と東日本を結ぶような行動をとった結果とみた[12]。交通・交易と権力との係わりに注目して，問題の土器移動に１つの解釈を示したもので，大いに評価できる。

一方高橋一夫は，関東地方の前方後方墳のいくつかから東海西部系土器が出土することや，前方後方墳の存在する地域に非在地系土器が集中していることに着目して，前方後方墳が東海西部を中心とする地域から畿内政権の東国経営に派遣された将軍の墓であると推論した[13]。しかし東海西部系の認定に関して問題があり，前記した定着の仕方の違いも十分に考慮されていない。なお踏むべき手続きが残されていよう。

ところで前方後方墳は，近年の踏査により，東海地方西部，ことに美濃における類例が増加している。土器動態からいえば，東海西部を含めた東国では，北陸地方などと異なり，布留型甕が旧来の甕を駆逐，定着することはなかった。他方，古墳時代前期，その東国各地で多数の前方後方墳が築造される。それは東国が以西とはやや異なる世界を形成していたことの１つの表現だったとも考えられる。

以上，東海西部系土器に焦点を当てて，古墳出現期の土器交流の一端を垣間見た。土器の移動には器種・器形，地域，時期，集落と墳墓などさまざまな要素が絡み，様式変化との係わりもけっして一様ではない。その背景は多様であったに違いない。問題の解明には，なお一層多角的な検討と解釈を加えていかねばなるまい。

　註
1) 横山浩一「型式論」『岩波講座日本考古学１　研究の方法』岩波書店，1985
2) 弥生時代後期，東海地方は天竜川を境にしてその東西で土器の様相がまったく異なり，伊勢・美濃・尾張・三河・西遠江で１つの地域的大様式を構成する。それは『弥生式土器集成・本編２』（東京堂出版，1968）の伊勢湾地方と東海地方Ⅰに加えて，西遠江まで含んでおり，誤解を避けてかりに東海地方西部と呼ぶことにする。
3) 湯川悦夫・加納俊介「南関東出土の東海系土器とその問題」小田原考古学研究会会報，5，1972。および「古式土師器の研究Ⅰ」小田原考古学研究会会報，7，1976
4) 赤塚次郎「『Ｓ字甕』覚書 '85」愛知県埋蔵文化財センター年報昭和60年度，1986
　　宮腰健司「尾張における『欠山式土器』とその前後」『欠山式土器とその前後　研究・報告編』愛知考古学談話会，1987
　　関川尚功「纒向遺跡の古式土師器」『纒向』桜井市教育委員会，1976
　　寺沢薫「畿内古式土師器の編年と二・三の問題」『矢部遺跡』奈良県教育委員会，1986
5) 赤塚次郎「逍遥する土器」『欠山式土器とその前後　研究・報告編』1987
　　比田井克仁「伊勢湾系土器の系譜と動向」同上
　　白井久美子「市原市上総国分寺台出土の『有段口縁』甕形土器について」古代，78，1981
6) 田口一郎「パレス・スタイル壺の末裔たち」『欠山式土器とその前後　研究・報告編』1987
7) 田口一郎「二重口縁壺の系譜の検討」『元島名将軍塚古墳』高崎市教育委員会，1981
8) 浅井和宏「『パレス・スタイル壺』小考」マージナル，7，1987
9) 下条信行「日本稲作受容期の大陸系磨製石器の展開」九州文化史研究所紀要，31，1986
10) 置田雅昭「古墳出現期の土器」えとのす，19，1982
11) 梅沢重昭「毛野政権の背景」Museum Kyushu，16，1986ほか
12) 岩崎卓也「古墳出現期の一考察」『中部高地の考古学Ⅲ』長野県考古学会，1984
13) 高橋一夫「前方後方墳の性格」土曜考古，10，1985。および「関東地方における非在地系土器出土の意義」草加市史研究，4，1985

須恵器の窯跡群

古墳時代の須恵器の窯跡群を東日本，近畿，
中国・四国，九州の4地域にわけて概観する

東 日 本───■伊 藤 博 幸

水沢市教育委員会

　ここで扱う東日本とは東海・北陸・中部・関東・東北
の5地方で，古代行政区分では伊勢から以東，陸奥まで
の範囲である。東日本の古墳造営終末をどの時点に求め
るかは地域によって異なる。ここでは記述の都合上，7
世紀前半までとした。

　以上の前提に立って，東日本の古墳時代須恵器窯をみ
ると，5世紀代のいわゆる初期須恵器窯を成立させる地
域（第Ⅰの画期）と，5世紀末から6世紀初頭に営窯を
始める地域（第Ⅱの画期）がある。後者の背景には群集
墳形成の初期の段階が重なる。

　また小稿とは直接抵触しないが，越後・佐渡・甲斐・
常陸などでは7世紀中葉〜後半になって，須恵器生産を
開始しており，これらは古墳時代とするより，初期律令
国家の形成過程に当たるところから，律令窯（律令制的
窯業）といえる。ただし，当地域にあっても6世紀代の
須恵器窯が今後発見される可能性は十分にある。

　以上のように，東日本といっても地域によって須恵器
窯の成立は異なり，その背景もまた諸地域の事情をそれ
ぞれ反映している。

1　古墳時代の須恵器窯

　現在知り得る東日本の古墳時代の須恵器窯跡は後の表
に掲げたとおりであるが，1つの大きな窯跡群（総称）
はいくつかの支群ないし小支群（各窯跡群）から構成さ
れるものが多い。括弧内の窯跡群名は総称に対する各支
群の代表的名称である。したがって，支群構成が不明確
な窯跡群の場合は，規模の大小にかかわらず総称名を冠
することになる。例えば善光寺（福島）・羽尾（埼玉）・
小杉大門（富山）の各窯跡群はこれである。

　ここでは地方別に須恵器窯の成立と展開について概観
する。

　①東海地方の須恵器窯の成立は第Ⅰの画期と第Ⅱの画
期に分けられる。愛知県の第Ⅰの画期は猿投山西南麓窯
跡群（猿投窯）の一支群，名古屋市東山地区の東山窯跡
群の東山111号，同48号窯である。これに続くものが
猿投窯の北東端に位置する一支群，尾張旭市の城山窯跡
群の城山2号，3号窯である。東山窯では陶質埴輪を併
焼する。猿投窯の母体は東山地区窯であり，以後古墳時
代から歴史時代を通じて生産が継続されることは，他地

方の営窯形態と比較するとき注目していい。第Ⅱの画期
は猿投窯の東山・卓ヶ洞支群をはじめ，春日井市を中心
とした尾北窯跡群中の下原窯などがある。尾北窯もまた
5世紀末から古墳時代全期にかけて営窯を展開する。そ
の他，岡崎市追渡間・豊田市上向イ田の各窯跡群はこれ
らよりわずかに遅れて生産を開始する。

　以上のように，東海地方での須恵器生産の嚆矢は第Ⅰ
の画期の猿投窯東山・城山支群であり，その他の地域で
は第Ⅱの画期以降に成立する。

　伊勢湾西岸に広く分布する三重県稲生・久居・小杉大
谷の各窯跡群も同様であるが，いずれも第Ⅱの画期の初
めに成立していることは注目していい。このうち久居窯
跡群は久居市から津市に渡って分布し，久居支群（4基）
と藤谷支群（3基）に分かれる。久居支群では陶質埴輪
を併焼している。

　岐阜県美濃須衛窯跡群は美濃西部，各務原市から岐阜
市の各務原山地一帯に広く分布する窯跡群である。現在
のところ最古の須恵器窯は6世紀末葉とされるが，第Ⅰ
の画期に生産開始が遡る可能性が指摘されている。多治
見市から土岐市にかけて分布する東濃窯跡群は6世紀後
半に成立し，奈良時代まで営窯を継続する窯跡群である。

　静岡県一ノ宮明通り窯は，浜名湖西岸の湖西市一帯に
拡がる遠江最大の古窯跡群である湖西窯跡群の中にあっ
て，第Ⅱの画期の初期に営窯を開始する。ここでも陶質
埴輪を併焼する。これに続くようにして浜松市有玉・袋
井市衛門坂・小笠郡星川の各窯跡群が第Ⅱの画期の後半
に成立する。

　②北陸地方では越後・佐渡を除く地域で第Ⅱの画期の
中頃には在地窯が成立したとされるが，各窯跡群で必ず
しも明確にされているとはいえない。福井県越南窯跡群
は越前南部にあって，第Ⅱの画期に成立した北陸最大の
規模をもつ窯跡群であるが，この中の武生市南部一帯に
形成された武生南部支群はさらに広瀬窯跡群をはじめと
して，6小支群に分けられる。なお，奈良時代になると
丹生山地の宮崎村・織田町を中心に丹生窯跡群が成立
し，越南の須恵器生産の主体はこちらに移行していく。

　石川県最大の須恵器生産地は加南窯跡群である。これ
は加賀市東南部一帯の南加賀，小松市西南部一帯の粟津，
同市南方丘陵地帯の那谷金比羅山の各窯跡群から構成さ
れ，とくに那谷支群は6世紀後葉〜7世紀中葉までの10
基以上の須恵器窯からなることが確認されている。鹿島
郡能登鳥屋窯跡群と羽咋市羽咋窯跡群も第Ⅱの画期に成

62

立した窯跡群である。前者は鳥屋町深沢支群がそれであり，北陸で確認できる最古の窯跡でもある。後者は柳田支群中の柳田うわの窯がそれであり，ほぼ同時期にあたる。

富山県小杉大門窯跡群は小杉町と大門町に渡って最近発見された，越中では最古の須恵器窯の1つである。以後継起的に中新川郡立山・富山市呉羽山の各窯跡群が営窯を開始し，とくに後者は平安時代まで継続する。

③中部地方では長野県松ノ山窯跡群を包含する長野市聖高原東麓窯跡群が第Ⅱの画期の半ばに成立し，これが現在のところ長野県最古の須恵器窯である。同市布施五明の小金山窯跡群はこれより遅れて成立する。同県の須恵器生産はむしろ7世紀以降，平安時代にいたって隆盛する。

④関東地方では，第Ⅰの画期の窯跡は発見されていない。関東最古の窯跡は現在の知見では，埼玉県東松山市から比企郡鳩山町にかけて広く分布する南比企窯跡群の一支群である桜山窯跡群6・8号窯であり，第Ⅱの画期の後半頃に成立する。以後，遅れて根平・舞台・小用の各支群が継起的に営窯をはじめる。これは比企郡北部の羽尾窯跡群でも同様で，羽尾窯の場合平安時代まで継続していく。

その他の地域では，かつて古墳時代須恵器窯として名をはせた菅ノ沢窯跡群を擁する群馬県太田市の金井窯跡群や同県高崎市乗附窯跡，さらに神奈川県横浜市熊ヶ谷東窯跡群が6世紀後半に成立し，栃木県真岡市南高岡窯跡群や千葉県君津市練木窯跡は，これよりおくれて営窯をはじめる。

なお，群馬・埼玉両県では在地窯の成立がさらに遡る可能性が出土須恵器から指摘されているが，それを指摘できる須恵器に対して，窯跡との一致をみないのが現況である。

⑤東北地方の古代陸奥国の範囲では，著名な大蓮寺窯跡を擁する東北地方では最大の規模をもつ仙台市台ノ原・小田原窯跡群や同市西多賀丘陵に立地する金山窯跡が第Ⅰの画期に継起的に成立する。また西多賀丘陵には陶質埴輪を焼成した5世紀後半代の富沢埴輪窯がある。

福島県泉崎村泉崎窯跡は第Ⅱの画期の須恵器窯であるが，これは窯構造などが不明である。以上はすべて次期には継続せず，単期の営窯である。

福島県善光寺窯跡群は，相馬市と相馬郡新地町にまたがって最近発見された大窯跡群で，7世紀前半に営窯を開始し，以降継続的に展開する。付記すると，瓦窯としても東北地方最古の7世紀後半代の窯跡である。なお，出羽側では古墳時代須恵器窯は未発見である。

2　東日本の須恵器窯成立をめぐる若干の問題

東日本における古墳時代地方窯の成立をみると，そこに明確な画期を指摘できる。またその営窯形態は継続的に展開する場合と，次期には絶える例の二者がある。

第Ⅰ期の画期は既述したように初期須恵器窯と換言できる。陶邑編年でいえば大略 Ⅰ-1～Ⅰ-3 段階に相当しよう。同じく第Ⅱの画期は Ⅰ-4～Ⅱ-1 段階に相当させ得る。第Ⅱの画期は第Ⅰの画期に成立した地方窯のさらにその周辺地域への展開とすることができる。このような視点でみるとき，とくに関東地方の諸窯に顕著であるが，6世紀後半～7世紀前半代に成立する，さきに指摘した初期律令窯以前の段階の窯跡群がある。これはすでにみてきたように，前段階からの継続的営窯とするより，以後の律令制的窯業生産を準備する新しい段階とみることができる。これを第Ⅲの画期とすれば，この画期にこそ質的に異なる窯業生産の新しいあり方をみることができよう。

一方，初期須恵器窯の如何を問わず，継続的営窯が認められる窯跡でも，その規模をみる限り，陶邑窯のようにシステム化されているとは認め難く，在地で大量生産体制が堅持されているとは考えられない。また断絶する地方窯をみるとき，これを掌握した在地有力階層が，須恵器生産の技術の保持と継承には必ずしも執着していたとはいい難く，須恵器生産技術の供与を媒介にした地方と中央との関係はむしろルーズであったことを示している。ここに東日本の須恵器生産の1つの特質がある。

須恵器の生産と流通をめぐる問題は，単に須恵器の移動を考えることではない。それには地方が中央を媒介にして須恵器が流通する場合と（この場合はすぐれて政治的である），須恵器を媒介にして別のモノが流通する場合の2つの形態が考えられ，両者は次元が異なる問題である。後者はむしろ交易的性格が強い。

小稿をなすに際しては高橋与右ヱ門・西野修・福田健司・中村浩氏より種々ご教示を頂いた。記して謝意を表わす。

近　畿 ── ■ 藤　原　学
吹田市教育委員会

1　近畿地方の役割

近畿地方は瀬戸内海の最深部にあり，大陸，半島から東上する多様な外来文化の受け口としての役割を果たしてきた。

しかし近畿地方の果たした最大の使命は，単に外来文化の通過経路としてではなく，いかに王権の立場で受け入れ，咀嚼し，変容して，地方へ伝播したかという点に

求められるべきであろう。したがって，須恵器の生産も，単に半島からの高度な文化の伝達経路としてではなく，倭政権としての受け入れ，生産の定着，そして地方伝播の問題として捉えるべきであろう。

本論は，須恵器の窯跡の実態を近畿地方に限って素描したものであるが，限られた紙枚では，各地方の実態を詳細に述べることは不可能であるし，私にもその力量はない。地方においては，地域単位で行なわれている詳細な分析によるほかなく，ここでは一応の概略として御容赦頂きたい。

2 須恵器生産の開始をめぐる問題

半島からの須恵器生産技術の導入問題を，近畿地方において捉えた場合，二つの方向に整理される。

一つはいうまでもなく最古の生産地としての視点で，陶邑古窯跡群内の最古様式の窯を捉えることであり，従来ではこの観点から，TK-73・87など，一連の初期須恵器窯が論議されてきた（田辺昭三1966・中村浩1978）。

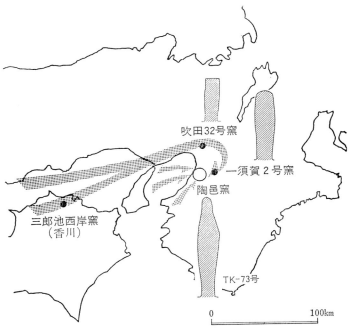

図1 近畿地方の初期須恵器窯（各図は床面の比較）と陶邑の成立概念図

もう一つの方向は，初期須恵器文化を，集落跡や古墳出土資料に準拠して，陶邑窯の成立以前，あるいは陶邑窯とは別系統の早期の須恵器生産を想定することである。近年，この観点は北九州から瀬戸内地方における，初期須恵器窯跡の検出によって補強されつつあり，その成果は全国的な規模で初期須恵器生産の問題を論じた『日本陶磁の源流』（1984）において，鮮明に主張されてきた。この二つの方向から須恵器生産の開始期が問われるなかで，最も重要な畿内の研究が，いまひとつ深化しないのは，畿内の須恵器生産開始期の窯が，陶邑窯以外では知られていないことが最大の原因である。

もちろん，南河内郡河南町の一須賀2号窯跡は稀少な調査例（堀江門也1968）であるが，これについては，陶邑窯の開始期以後の別工人によるとの解釈と，陶邑窯の開始前とする二つの相反する評価がなされてきた。

このような現状のなかで注目したいのは，大阪平野の北部，千里丘陵での初期須恵器窯の発見である。この窯跡は吹田32号須恵器窯跡と呼ばれ，昭和61年3月に発掘調査されて全容が明らかになった（藤原学・佐藤竜馬1986）。窯は大阪平野を望む高所に1基のみ築かれ，窯体規模は推定全長4m余り，幅1.4mの小規模なもので，当地の群集する須恵窯に継続せず，短期で終わった窯である（カラー口絵参照）。

その最大の特徴は，平面長方形の窯体構造にあり，窯の上半は地下式で，この部分の排煙孔も方形に穿たれる

など，窯の築造に極めて丁寧な造作をしていることである。生産された須恵器は，甕が大半をしめ，その他，器台・壺という淡白な器種を示す。器台には細かい斜格子紋・鋸歯紋が，同脚部には列点紋・波状紋がある。

この窯の所見を総括すると，出土遺物の形態・調整などの様相は，香川県下最古といわれる高松市三谷三郎池西岸窯（松本敏三1984）の製品に酷似し，また，使用石材の分析から，本窯は西方からの系譜を考えるのが妥当と解釈されている（藤原学1987）。いずれにしても，このような初現期の窯が北九州ではなく，畿内の中枢部で確認された意義は大きい。

この吹田32号窯と，一須賀2号窯，そして陶邑窯内のTK73窯などの，三地域の初期須恵器窯を，時期的な前後関係で捉えるか，あるいは，併行関係にある別系統のものと捉えるかは今後論議を呼ぶだろう。ただ，上述したように，吹田32号窯は，少なくとも陶邑窯からの系譜を考えることは不可能で，また，周辺の集落跡に初期の陶邑窯の製品が盛んに入っているにもかかわらず，当地の製品がない事実からみても，陶邑窯との併行関係も認めにくいと判断している。

このように窯の構造と出土須恵器の諸相から，その系譜を比較してみると，吹田32号窯→一須賀2号窯→陶邑窯との経緯を想定するのが最も妥当であろうと，現在では考えている。

以上の考えに立脚すれば，陶邑窯の成立は須恵器生産

史上の第二段階として捉えるべきである。そうすると，陶邑窯成立の政治的意義は，倭政権による須恵器生産の一元的把握にあり，それは具体的には，王権による泉北丘陵という大規模な陶山の占有と，複数規模の陶業組織の集約，そして窯の大型化による量産であった。一方，土器形態からみると，この間に器種構成の日本化をはかるとともに，半島様式と言われる鋸歯紋・コンパス紋・斜格子紋などの捨象であったことになる。これらは量産化という当面の課題にとって，不要な要素であったといえよう。

陶邑古窯跡群は，大阪府の堺市・和泉市・狭山市に及ぶ泉北丘陵に展開し，大野池地区ほか5つの地区に分類されている。これらは各地区で様相の違いをみせながら展開してゆくが，少なくとも当初の姿は，複数単位の陶工集団が，ほぼ同時期に一斉に生産を開始し，急速に生産の確立を図ったことにあるとみられる。その反面，大阪湾周辺の従来の生産が一旦消滅するのは，この王権による生産組織の独占化に原因があるとみられる。

3 地方での須恵器生産の拡大

陶邑窯の成立以後，極めて早い段階で，この生産技術は東北地方にまで伝播されていることが判明している（渡辺泰伸1976）。近畿地方では中村編年によるI-3段階を過ぎると，大阪府北部・兵庫・京都・三重県などで，窯の実態が明らかとなってくる。

大阪府下では千里古窯跡群（豊中地区）で複数の窯が開窯され，兵庫南部では相生市の那波野丸山3号窯（松岡秀夫1985），三田市郡山1号窯（井守徳男1979），北部の城崎郡竹野町の鬼神谷窯（瀬戸谷晧1979）などが成立する。

京都府では，園部古窯跡群中の大向古窯跡（堤圭三郎1971）が最も早く成立する。

滋賀県では，湖東平野から水口盆地への入り口にあたる甲賀郡水口町泉古窯跡（丸山竜平1987）が，最古の窯として出現する。

和歌山県は半島様式の陶質土器を豊富に出土する地域であり，初期の生産との関連が問題である。しかし，現在判明している県下最古の窯跡は和歌山市砂羅之谷窯にあり（藤井保男1984），他県と同様，このころの開窯を推定できるにすぎない。

このように，近畿地方では陶邑窯などの中枢窯を核として，1県に1〜数基の窯の展開があったことになる。この拡大は，田辺昭三氏のいう「第1の画期」で，体制の確立した陶邑窯からの一元的伝播とされているが，最近，各地の出土資料からみて，初期段階からの地方窯の定着とその展開を認めようとする見解もある。その代表的な論は，滋賀県下の資料を考察した岩崎直也氏に代表

されるが（岩崎直也1985），今後同様な指摘は瀬戸内沿岸〜淀川流域〜近江〜東海に至る主要東進路で検証される可能性が残されているといえよう。

4 6世紀の活況

地方での須恵器生産の定着と拡大は，6世紀代の横穴式石室墳の盛行による，葬祭土器としての須恵器の大量需要に起因することは明らかである。ただ，窯跡の動向に視点を据えて各府県をみた場合，いくつかの差が表われている。

まず，大阪府下において陶邑窯の活況に類するのは，千里古窯跡群である。6世紀の第1四半期には千里丘陵東南部（吹田地区）においても生産が再開され，7世紀の中葉までの間に，豊中・吹田両地区を合わせて，約120基の窯が経営され，ここに大阪平野の南と北で，最大規模の生産体制が確立する。これを「畿内中枢窯」の成立とする。なお，枚方丘陵でも，6世紀の後半に至って，小規模な生産が開始される（瀬川芳則1967）。

兵庫県南部（播磨）では，先に指摘した2ヵ所の早期の地方窯以外でも，播州平野東部・北部へと拡大し，6世紀前半には，明石市鴨谷池池古窯跡群（北山惇1986）や，姫路市の八代古窯跡（山田邦和1986），やや遅れて西脇市童子山窯（中村浩1985）などが知られている。いずれもが単基か数基以内の小規模な展開で，群集する窯跡は見当たらない。北部においては，6世紀前半から生産されたものは養父郡関宮町の中山窯に止まり，後半に入ると，朝来郡和田山町の岡田古窯跡群や松谷古窯跡，城崎郡の尾鼻古窯跡・宮ノ谷古窯跡などが知られているが（加賀見省一1981），展開の時期と規模についても，南部地域との量差が現われている。

京都府においては，大向古窯のある園部古窯跡群が継承されてゆき，その他，6世紀の前半に成立したとみられる福知山市の賀茂野2号窯があり，6世紀後半からは綾部市西原古窯跡があり（山田邦和1986），歴史時代へと継承している。園部古窯跡群以外，概して単基操業に近い実態とみられる。

しかし，滋賀県ではやや様相を異にする。滋賀県では水口町泉古窯跡に継続するものとして，鏡山窯跡群の北西群にあたる夕ヶ丘窯跡群がある。20基以上の窯跡群で，6世紀の早期に開窯され，拡大継承される。また，鏡谷古窯跡とも呼ばれる鏡山北東麓窯跡群は，少数の窯が6世紀前半に開窯されるが，6世紀後半から末に飛躍するものである（丸山竜平1981）。蒲生町の宮川窯跡（松沢修1976）も6世紀前半に成立している。

6世紀の後半においては，大津市の北郊に所在する堅田古窯跡群が15基程度の中規模な構成をみせて7世紀へと継続する（丸山竜平1981-2）。南郊の瀬田丘陵に展開

65

する窯跡群も，数基単位の操業規模をもつ複数の窯跡群であるらしいが，7世紀に操業の主体があると言われている。

このように滋賀県下では，畿内と東海を結ぶ要所をしめる近江平野を背景に，中規模の窯跡群を核に，纒まった展開をみせている。このうち，夕日ヶ丘古窯跡群は操業密度が高く，次いで主体となる鏡山古窯跡群（北東麓群）に継承される重要な窯群と評価ができる。しかも注目すべきことは，ここではすでに6世紀には，土馬（陶馬）の生産も関与していたらしいことが判明している。これは，7世紀代とみられる瀬田地区の古窯跡群の調査ですでに明らかにされていたことであるが，大橋信弥氏が近江地方における土馬使用祭祀の問題を述べたように，滋賀県下の特性といえるもので（大橋信弥1981），葬祭土器としての須恵器生産の場で，かなり早い段階から，祭祀具としての土馬を生産していた事実は，近江における須恵器生産者の性格に係わる問題として重視すべきであろう。

このように，6世紀から7世紀前半の群集墳期を通じての須恵器生産の動向をみると，大阪平野の二大中枢窯を機軸に，各県ともに窯の充実があるが，滋賀・三重両県においては，中規模クラスの比較的まとまった古窯跡群を核として，周囲に小規模，あるいは単基で構成された窯の展開をみる。しかし，兵庫県の南部は，播州平野などで窯の展開をみるものの，中規模なものはなく，概して小規模な窯群が散在しているようで，生産単位が小さい。もちろん，調査密度の差も考慮が必要であるが，これをもって地域生産の後進性とするのでなく，本論では，兵庫県南部の小規模なあり方は，大阪平野に展開する二大畿内中枢窯との，大阪湾〜瀬戸内海を介した相互の需給関係の存在を考慮に入れておきたい。

5　歴史時代への変革（まとめにかえて）

6世紀末の法興寺造営によって，わが国の陶業は瓦生産という新段階を迎える。このころの須恵器生産の変革を，田辺昭三氏は「第二の画期」とよび（田辺昭三1981），原口正三氏は，新たに展開する地方窯を「第二の地方窯」と呼称した（原口正三1979）。

従来の須恵器生産の諸段階が，概ね古墳という墓制の変革と，その対応を基本に進行してきたものであるが，今回の変革は「喪葬土器」としての須恵器から，「日常什器」への変化という社会的地位の変化であり，田辺昭三氏が「須恵器生産史上の最大の変革期」と評価したのは当然である。

この変革は，陶邑窯においては明らかに生産の態様が変化しているとされるが，千里古窯跡群ではより大幅な変貌に見舞われ，急速に窯数を減らすとともに，7世紀の中葉には，生産がほとんど停止する。そして，これに呼応するかのように，西方の播磨・讃岐諸窯の須恵器生産の増加があり，東方の枚方・宇治丘陵では，瓦陶兼業窯として，新たな生産地（杉本宏1983）が設定される。

さてこの時期，窯場では具体的にどのような変化が現われてくるのであろうか。千里古窯跡群では，窯の稼動実数が極端に減少する反面，窯床面積が生産の最盛期のものより50％も増加している例が報告されている。これは陶工集団の一部が，他の生産地へ転出するとともに，残された組織については，陶工単位集団の集約・統合が進んだものと考えられる。

一方，この変革期における単位面積当たりの窯の分布密度を比較してみると，陶器専業の千里古窯跡群が従来と同様，「単基分散型」であるが，兵庫県高丘古窯跡群（大村敬通1967）では，窯の集中化が目立ち，四天王寺瓦窯とされる平野山瓦窯跡（奥村清一郎1985）では，より密集化が進んでいる。すなわち，陶器専業窯・須恵器窯を契機とした瓦兼業窯・当初からの造寺瓦窯における須恵器生産，という7世紀初頭の3つのタイプを比較す

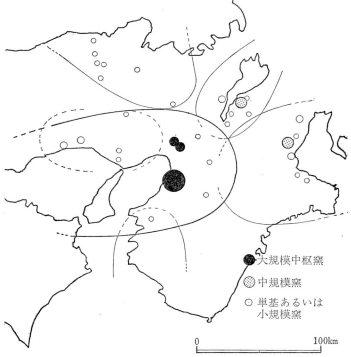

図2　6世紀における主要須恵器窯跡とその供給概念図

ると，瓦への依存度の高いほど，窯の集中化，すなわち単位集団の集約と生産密度の高さが進む傾向がはっきり指摘できる（藤原学1987）。

時代の経過にともなうこのような変化は，須恵器専業窯においても指摘できる。滋賀県の鏡山周辺を例にとると，6世紀の早期に成立した夕日ヶ丘窯跡群は，近江平野に突き出た小山塊に展開するのに対し，群集墳期から歴史時代にかけてに盛期のある鏡山東北麓群は，鏡山の主山塊東北麓に展開している。このような窯の立地環境の変化は，この間に，陶工組織が大きな山麓斜面を占有して，広い範囲から集薪できる，投下労働力の増加があったことが想定でき，生産の専業化と組織の集約化が進んだためであろうと考えられる。古墳～歴史時代にかけては，各地域において，このような組織の変化を認めることが必要である。

歴史時代における窯の拡大は，大阪平野以外では一般的な動向で，先述した兵庫県の高丘古窯ほか，加古川流域の諸窯，京都府の篠古窯跡群など，代表的な古代窯が出揃う。このうち，京都府・滋賀県下の大古窯跡群の成立は，京師という大消費地に対応した実態であるが，歴史時代で見逃せないのは，延喜調貢国としての諸生産地，なかでも大量の調貢量を示す播磨の評価であろう。

先に兵庫県南部の古墳時代須恵器窯が小規模に止まっている理由に，畿内中枢窯との相互需給関係の存在を想定した。正に，この相互関係を，歴史時代において捉えるならば，播磨における大量の延喜調貢の実態は（近畿以外の讃岐を含めて），畿内中枢窯との密接な相互需給体制が，歴史時代に至っても，「調」としての税収奪関係として形質を替えて機能していたのである。

この観点は，畿内と地方の古墳時代須恵器生産を考えるうえで，極めて重要と考える。その理由は，地方窯の確立した6世紀以後，畿内中枢窯が地方に対して，製品の供給や工人の移動など，直接的な影響を及ぼした範囲が，特段な例でない限り，せいぜいこの範囲に止まると想定できるからである。その反面，生産地をほとんど持たない奈良県は，周辺からの供給を受けた圧倒的な消費地として機能した（図2概念図）。以上のように，陶邑窯の果たした歴史的な役割は，大王権力のもとで直接的に把握された，最初の大規模な陶業集団であると同時に，生産体制の確立後の早い段階に，製品および技術を地方へ伝播せしめたものと規定することができる。ところが6世紀以降の地域の受給関係は，ここに示したように，基本的に地域単位の自己完結的なものに止まっていることを想定したい。かかる考え方は，全国に視野を広げた場合，多くの地域でも追認できる可能性があり，群集墳期の地方の須恵器の多くが，地域色をもっていること

は，正にこのためであろう。そして，この地域論が，どこまで初期段階に及ぶのかという問題が，現在，東海地方（小林久彦1987）はじめ各地で論議されていることなのである。古墳時代の地方の須恵器窯と，その製品の形態的な研究に，陶邑窯との対比は必要であるが，地域における個別的な問題をもっと重視せねばならないのはここに最大の理由がある。

（本論を書くにあたって，各地域の研究者の方々に多くの御教示を受けたが，紙数に限りがあり，引用文献名を示せなかったことを深くお詫び申し上げる。）

中国・四国──松本敏三
県立坂出工業高等学校教諭

中国地方は旧山陰道の因幡・伯耆・出雲・石見，山陽道の備前・美作・備後・安芸・周防・長門の律令期10国を，また四国地方は南海道の阿波・讃岐・伊予・土佐の4国を今回紹介の範囲とし，丹波・丹後・但馬と紀伊・淡路は近畿地方での記述を参照されたい。

畿内と北九州地方に挟まれたこの範囲は青銅祭器や弥生土器分布圏，首長墓墳の形制などによっていくつかの地域圏を展開している。

須恵器生産についても，巨大古墳群の展開する畿内地域と韓半島に面する北九州地域での創始期の動向とともに瀬戸内海地域での初期須恵器窯の発見と陶質土器，韓式土器検出例報告など土器そのものの移動，土器製作工人およびその背後の有力豪族の動向が問題とされている。

1 窯址群の分布

中・四国地方の須恵器窯は1,000基を越えると思われるが，数十基以上を数える大窯址群は備前邑久古窯群（80基），讃岐陶古窯群（90基），周防陶古窯群（50基）と丹波篠古窯群，播磨国の明石・印南・赤穂の7窯址群である。律令制下の須恵器貢納国の讃岐・備前・播磨と鋳銭司や東大寺知行のみられる周防，平安京背後の丹波に集中的な分布が認められる。これには古墳時代後期に操業開始する邑久・篠・明石と付近に古墳時代後期の窯址は分布するもののダイレクトに繋累しない讃岐陶・周防陶や未検討の印南，赤穂の三者がある。十数基以上の中規模窯址群は本稿の範囲で磐梨・児島・陶・須恵（岡山県），大須恵（長門），大井・瑞穂（島根）と八頭（因幡），三次盆地・御調，今後の調査が期待される沼隈・世羅（広島），山本辻（讃岐），砥部・西伊予（伊予），新改（土佐）の窯址群がある。これには Ａ 古墳時代に収まる群，Ｂ 天平期を越えない群，Ｃ 奈良期に盛行する群，さらに Ｄ 平安期に出現する群がある。

美作の散在的な一群も巨視的に俯瞰すれば中規模窯址群と見做し得る。数基ないし10基前後の小規模窯址群を羅列すれば，皿山周辺・笠岡陶山・二子御堂奥・末ノ奥・鐘鋳場・江田谷付近（岡山），高宮・豊栄・西条（安芸），末田・末原・遠田百町（山口），埴見（伯耆），門生（出雲），洲本（淡路），板野（阿波），志度末・公渕池・香南大坪・三野（讃岐），金生・林（伊予），香美・佐川（土佐）の20余例が掲げられる。1～3基前後の単独操業例（最小単位）の数は小規模群の2～3倍前後であろう。大規模・中規模の窯址群も実際は数基前後の小規模群，最小単位の単独窯から成立していることも自明で，以上煩雑に見える分布状況も，生産関係をめぐる政治的・経済的事由による増幅縮小の現象形態をして把えられる。

2　古墳時代須恵器生産の展開

　古墳築造期の須恵器編年は和泉陶邑古窯址群の発掘調査成果と7世紀代の寺院，宮殿官衙の土器整理によって12～14形式に細分されているが，ここでは初期須恵器（I），横穴式石室墳の形制の先後を考慮して TK 208～47（II），MT 15，TK 10（III），TK 43（TK 85）～TK 209（IV），TK 217～46（V），TK 48～MT 21（VI）の6段階区分によって記述する。

　I 段階　香川県の三郎池西岸窯（高松市三谷町），宮山窯（三豊郡豊中町）の2基が単独操業された。前者は1回操業の単次窯で床面から甕・壺・高坏・把手が，周辺から器台・甑・坏とみられる破片が出土している。後者は灰原採集資料であるので操業期は断定できないが，甕・壺・甑・器台・蓋（鉢）・高坏・蓋坏・紡錘車・窯道具が発見されている。当然両者の関係が問題であるが，讃岐地域ではさらに旧鵜足郡坂元付近に初期須恵器窯の存在が予測されることもあって，畿内搬入須恵器と三者の識別を達成していない。県内から出土したI・II段階の古式須恵器を分類中であるが，三郎池西岸窯製品は極めて少なく，また宮山窯製品の格子叩き目の甕・異形の高坏・壺胴部の装飾特徴を持つ須恵器は荒神島祭祀遺跡，広島県渡瀬遺跡と西讃岐に分布している。後者の特徴は宮山窯の報告に際して注意していたが，最近和歌山県鳴滝遺跡の調査成果を踏まえて朝鮮半島から近畿に及ぶ楠見式土器の分布圏が指摘されている。この発表は未公刊であるため未検討であるが，香川県の高松市・豊中町の2基と飯山町の1基の窯址に共通する諸特徴であることを記しておく。

　なお，初期須恵器窯成立の重要なパースペクティブである陶質土器，韓式土器の西日本における分布も集成され，山口県の吉母浜遺跡，広島県池ノ内3号墳・四十貫小原1号墳・田尻山14号墳・宇治島遺跡，香川県船越遺

跡・城山北麓・平等寺山，岡山県11事例，兵庫県8事例，島根県石台遺跡・珍崎・長尾古墳などが掲げられている。両者の分布密度と初期須恵器分布密度の高い吉備・播磨では韓半島手工業才人の移住が想定され，初期須恵器窯発見が期待される。また，この地域は古墳時代中期の大型古墳およびその背後を形成した初期群集墳の稠密な分布地域でもあり，須恵器需要の要望も強い地域であった所である。須恵器焼成や埴輪焼成ばかりでなく塩・鉄・布・玉など手工業製品は倭王権勢力下に結集した最有力首長層の支配下に，貢納品や地域勢力糾合の手段として厳重な管理下に生産された段階と推測される。なお和泉陶邑古窯群が主導的立場にあったことは倭須恵器の形制にもうかがえるとおりである。

　II 段階　須恵器生産の第一の画期（第1の拡散）に符合する操業段階で，中・四国では丹波・但馬・出雲・石見・摂津・紀伊・讃岐の窯址が操業されている。讃岐では宮山窯の操業が継続する。定型化した蓋坏，胴部に螺線状にカキ目調整の施された内面半スリケシの甕が焼成されているが，宮山窯後半期には焼成，調整とも不安定なものが少なくない。香川県のほとんど全域に須恵器出土古墳が拡大する。前述の楠見式の一特徴である斜横方向平行叩き目え，平帯状凸帯で飾る壺はII段階前半の出土例にも認め得る。松山平野においても，口縁部に特徴のある壺，陶邑古窯址群の高坏蓋を坏とした短脚高坏などの地方色を持つ一群の須恵器があり，少なくともこの段階に松山平野のどこかで焼成されたものと推定し得る。

　一方，山陰地域には安来市門生古窯群と風土記に「大井の浜，則ち海鼠，海松有。又，陶器を造る」と記された大井古窯群の廻谷窯，また周布古墳，山陰II期の須恵器を横穴式石室内に副葬するメングロ古墳の首長系列によって操業された日脚窯2基が開かれる。日本海沿岸に接するように分布するこの3地点に共通する特徴は前方後方形古墳密度の高い山陰地方にあっても中規模クラスの前方後円墳墓制の分布域の真唯中またはその築造勢力の影響下にある地点に開窯されていることにある。須恵器生産の第II段階の須恵器窯の分布は前方後円墳の築造，古墳時代祭祀遺跡の要衝の地への分布などとともに，範囲拡大を計った倭王権との政治的関係を考慮しなければならない。日脚窯直前の周布古墳の後裔とみられるメングロ古墳の被葬者が生前鈴釧・三輪玉形刀装太刀・馬具・武具を手にした大和朝廷に近い武装騎士であること，狭隘な潟海を結ぶ大橋川を挟んで意宇勢力と対峙する5世紀後半から6世紀前葉にかけて相次いで築造された手間古墳・井ノ奥4号墳・魚貝塚古墳の分布状況と大井古窯群，伯太・飯梨川流域に5世紀後半に出現した

釜谷 1 号墳・昆売崎古墳・椿谷古墳群や伯耆西部日野川流域や美保湾を猊む淀江町の古墳群分布と国境の門生古窯群の関係を掲げるだけにとどめる。

中国山地奥地の美作津山盆地にも早くから 5 世紀代窯址の所在が推測されている。この地域には初期須恵器の楠見型とされた大型甕と須恵器模倣土器 さらに腰佩金具・素環頭太刀・鉄製工具・鉄滓出土の押入西 1 号墳を始め, 小円墳約 50 基で構成される日上敏山古墳群, 川崎六ツ塚古墳群などの小規模古墳の稠密な分布, 日上敏山古墳・正仙塚古墳の 2 基の前方後円墳などこの段階に符合する古墳群の出現が認められる。その所在は津山市河辺高祖神社裏古墳出土の II 段階前半の精製堅緻な須恵器（蓋坏・大小甕・高坏・丸底坏）によって推測されたが, とくにその「胴部上半部には横方向の刷毛目, 下半部には縄蓆文が施され, 内面下半部には刻型による叩目文を施しその上をなで調整している」と報告されている丸底坏は 興味深い。美作の 須恵器生産は 勝北町甲田池北窯（仮称）で, 佐伯戸瀬池窯・邑久木鍋山窯とともに 相い次いで III 段階に開始されているが, 岡山平野における陶質土器・韓式土器・初期須恵器出土地の東半部を占める吉井川水系においても, 総社市を中心とした西半部とともに I・II 段階の須恵器窯の発見される可能性が極めて高いと思われる。また中国縦貫道沿いの三次盆地においても 5・6 世紀の群集墳, 前方後円墳とともに初期須恵器, 陶質土器の分布がこの地域でも芦田川下流の福山平野周辺とともにこの段階の窯址発見の可能性が推測される。

III 段階 初期横穴式石室墳の築造期とほぼ一致する段階で, 先述の大井古窯群・門生古窯群は継続, 吉井川流域の木鍋山・戸瀬池・甲田池の三窯を始め, 埴見古窯群・中村窯（伯耆・因幡）, 黒藤窯（讃岐）, 砥部古窯群（伊予）が数えられる。このうち 松山平野南部砥部の谷田 2 号窯ほか 4 基は須恵質埴輪を焼成しているが, この集中的分布は装飾壺・装飾付台付壺出土古墳の集中とともにこの地域の特質であると言い得る。この段階に操業された窯址は次の IV 段階へと順調に操業を延長するものが多い。長脚高坏・提瓶・広口瓶子状壺・子持壺・装飾付壺・装飾付器台などの新器種が焼成されるが, 壺・甕の口頸部にみられる部分誇張の傾向の一方で 2 次調整の省略化の傾向も認められる。装飾付須恵器は須恵質埴輪の樹立とともに在地有力首長墓の主体部内を他の副葬品とともに荘厳に飾る儀礼に使用されたとみられる。

横穴式石室墳は首長墓古墳とその周辺の小規模古墳にも採用されるが, 山口県, 島根県では横穴にこの段階の須恵器副葬品があり, 他に馬具・装身具にも見るべきものがあることが多い。首長層─首長集団を形成する階層

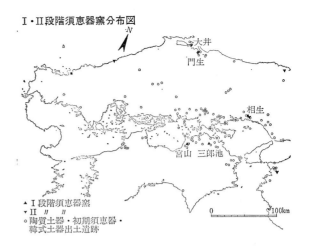

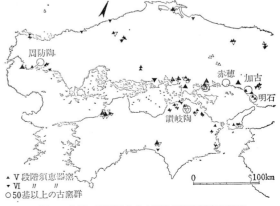

図 3 中国・四国地方の古墳時代須恵器窯の展開

一新興勢力の間に一応のヒエラルヒーが保たれた時期とみられる。横穴式石室墳以外の墓制において，Ⅰ・Ⅱ段階を凌ぐ副葬事例が認められる。また南海の高知県以外では祭祀関係遺跡における須恵器多用の習慣が認められなくなり，滑石製模造品使用の祭祀から土製模造品使用の祭祀へと変化している。

Ⅳ段階 横穴式石室墳，横穴墓が盛行する段階で，吉備ではこうもり塚古墳・緑山古墳群の大型墳（近くに江田谷古窯群・末ノ奥古窯群），王墓山古墳群（近くに二子御堂古窯群），箭田大塚古墳（陶古窯群），牟佐大塚古墳（磐梨古窯群），児島郡 八幡大塚古墳（児島古窯群）など，石棺を持つ大型横穴式石室古墳と窯址群の拡大化（拡散）が符合するが，邑久古窯群の この段階の 操業状態と吉備中枢部での大型古墳築造の動向は重要である。邑久古窯群の 形式変遷は 木鍋山→（別所）比久尼岩→天提→亀ヶ原Ⅰから寒風Ⅰ→土橋→寒風Ⅲ→さざらC奥地……とたどれるが，先述Ⅲ段階の木鍋山式と比久尼岩式の中間型式は認められず，一時操業が止絶し再び比久尼岩式以降亀ヶ原Ⅰ式期まで順調に拡大操業され，後者においては東須恵・西須恵・本庄一帯で10数基の集中の操業が展開する。TK 43 期前半に 相当する 止絶期には隣接する磐梨古窯群などへの工人の移動も想定されるが，外圧による他地域への工人の派遣も否定し去ることはできないと思われる。

岡山の研究者は浪形石石棺を蔵す中・四国最大規模の真備町箭田大塚→三須こうもり塚→牟佐大塚の三古墳が6世紀中葉から後半にかけて順次築造され，7世紀代は追葬期であるとする。一方，竜山石家形石棺は児島郡八幡大塚古墳（6世紀中葉構築）から岡山市賞田唐人塚古墳まで十数例あるが，吉備地方の後期古墳の第2勢力の大型古墳からの出土例である。古墳規格・副葬品の種類なども劣る第3～第5階梯の古墳の製造状況とも複雑な関係を示しながらも，在地有力勢力の持つ政治的階梯をつきくずす新たな全国的規模の身分秩序体系の侵透を象徴する分布状況である。

雄略紀7年の『日本書紀』には吉備下道臣前津尾と上道臣田狭の反乱伝承と，百済の手末の才伎の請来記事から，安閑紀2年の吉備後国の五屯倉・婀娜国の二屯倉，欽明紀16年17年の白猪屯倉・児島屯倉までの記事に畿内勢力による吉備進出制圧の政治術策のあとが たどれるが，Ⅱ・Ⅲ・Ⅳの須恵器操業段階と微妙に交錯するように推考される。すでに児島の須恵窯址群は児島官家により操業管理されたのではないかという指摘もある。全国の須恵，末，陶などの部民制手工業生産との関係が深い須恵器生産地名の分布，氏姓と関係する地名分布，山沢谷川呼称の総体的な一致はこのⅣ段階後半からⅥ段階に

かけての窯址群に数多い現象である。岡山県では他に美作の皿山周辺の窯址群・真庭郡の少数・金光町須恵窯址群・備後穴海に近い笠岡陶山古窯群・井原淀1号墳があるが，これらは他とともに次段階へと継続する窯址である。

吉備国から分離した備後地域では福山平野西の松尾窯（御調古窯群の一端）・長者原窯・西山窯（沼隈古窯群），江川水系の自光・清水・鷲ノ子・唐谷窯（世羅古窯群），江川支流西城川の常定・中野谷・本郷・御神田窯，高梁川支流の帝釈土生の帝釈長藪窯，江川上流の行田2号・久保土居窯（高宮古窯群），世羅古窯群に連なる馬洗川の左岸の松ヶ迫窯1・2号窯が小単位で分散する。Ⅴ段階に継続または後続を見る窯址が多い。周防では佐波川下流に向山七尾・大判地窯の2窯が築かれるが，眼下には平野石製家形石棺を蔵す横穴式石室前方後円墳の大日古墳があるほか，数kmの範囲内に横穴式石室前方後円墳が4基も林立し，県主国造クラスの首長系列のもとに玉作部，陶部など手工業集団が掌握されていたものと考えられる。また山口湾口の波雁ヶ浜奥の花ヶ池窯もその1基は出現している。宇部崎を廻って眼に入る長門大須恵の本山岬付近にはⅣに始まりⅤに継続する十数基からなる周防灘掌握勢力下に成立し得た窯址群が分布する。

因幡千代川流域ではⅢから継続して中村窯が操業し，越路窯，福地窯，天神原窯と2，3基を単位とした窯址群が展開する。東伯の埴見古窯群はこの段階後半で操業を停止するが，大規模な後期古墳群を抱えた地域であるため，付近に後続する窯址群の存在が予測される。出雲では大井古窯群が継続し，石見では鵜ノ鼻古墳群など益田市の古墳群地域に蓋坏とも平坦面を打ちカキ目調整を施すなど特徴的な「石見型蓋坏」に代表される芝塚，中塚窯址が操業され，石見付近から一部西出雲まで製品の流布が確認されている。

南海道では淡路三原郡の汁谷窯，阿波の板野葛城神社窯・鮎喰川上流内ノ御田窯（近くに 矢野古墳），阿南市西池田窯（学原古墳），讃岐の志度末1号窯・小谷窯（久本古墳）・打越窯（醍醐古墳群）・青ノ山窯（青野山7号墳）・黒藤山窯・三野 古窯群・高瀬末1号窯・瓦谷窯・山本町 辻古窯群（母神山古墳群・大野原古墳群），伊予の大小小谷窯（金生川古墳群）・飯岡窯（同古墳群）・砥部古窯・伊予市西部城ヶ鼻古窯群，土佐の笠ノ川窯（小蓮古墳・舟岩古墳群）が数えられる。黒藤窯，砥部古窯群以外はすべてこの段階に出現し，そのほとんどがⅤ段階に操業を継続する。

Ⅴ・Ⅵ段階 Ⅳ（TK 85・TK 43・TK 209），Ⅴ（TK 217・46），Ⅵ（TK 48・MT 21）と便宜的に区分したⅤ，Ⅵ段階は7世紀前半代から8世紀代の操業期で，飛鳥・

難波・大津・藤原・奈良に宮都が移動しつつも，律令国家体制が整備完成される変動期で，地方での窯址群の変遷も敏感にその事情を反映している。宮都の大量消費，造寺造瓦への動員，金属器模倣の新器種の出現など中央における変動と在地豪族・新興階層の古墳築造，氏寺造営などに陶工達も編み込まれていった時期である。また近年，和泉陶邑窯の TK 217 型式の年代決定について重要発見もあり，詳細な検討が行なわれている。本稿においてもその成果を十分活用すべきであるが，窯址発掘調査事例よりも各地における採集資料などによる集成段階のデータによるため，十分な検討は保留したままである。古墳時代タイプと7世紀の新器種のオーバーラップする交替期をV段階とし，貯蔵器・食膳器が奈良時代型に定まるまでをⅥ段階とする。

岡山では邑久古窯群，陶古窯群，須恵古窯群と二子御堂，末ノ奥がⅣからV，Ⅵ段階に継続する。寒風Ⅰ→土橋式→寒風Ⅲ→さざらし奥池→根切式と変遷する。前2者をVとし，後3者をⅥとすると，Vは亀ヶ原Ⅰ式の操業範囲を著しく縮小して，錦海湾付近の小区画に分布する。Ⅵには，佐山地区の四辻山を挟んだ2地区に拡散し，奈良時代前半のさざらし奥池期には10基以上の操業まで再び増幅し，天平期の根切池式に継続する。そして8世紀後半以降はⅣ段階の分布圏から東へ移動を遂げ佐山周辺の邑久古窯群の東群を形成するようになる。寒風Ⅲ式の標式とされた寒風Ⅰ―Ⅱ号窯では切妻屋根形陶棺，硯，鴟尾などが焼成されている。二子御堂奥では天平期瓦窯3基と，白鳳期瓦窯が古墳時代須恵器窯と重複して経営されている。また飛鳥時代に終止符を打つ末ノ奥窯以外の前記二群もやはり奈良時代へと操業を継続する。

広島県では高宮古窯群の奥谷窯・明連窯がV，Ⅵには矢賀迫1・2号窯が操業される。中国山地を越えた石見国邑知郡瑞穂古窯群は，無袖形の変形横穴式石室とともに山陽側からの陶工の移住があると推定される。馬洗川流域の鷺ノ子窯・唐谷窯は京利池窯とともにVに出現する窯址で，先階段松ヶ迫2号窯の板状窯道具の技術が伝えられている。Ⅵ段階以降には御調・沼隈の両古窯群と隣国の邑知へ生産の中心が移行したとみられる。鳥形瓶は沼田川，江川，太田川の三流が水分する向原町付近の環状集中地域にやはりその中心があるが，その分布は広島県山間部の須恵器窯分布と多少ズレながらもほぼ重合する状態であり，この地の陶工によって製作されたものとすべきである。沼田川下流の竜山石製家形石棺を蔵す貞丸1号墳，花崗岩切石造りの大型横穴式石室墳の御年代古墳，さらに7世紀中葉創建と推定される横見廃寺など顕著な遺跡群を残した畿内政権を構成する重要氏族と関係する遺物ではないかとされている。同類の鳥形瓶

は，児島屯倉の地岡山市宮浦東千川・久米郡久米町稗山4号墳・東伯郡の三朝町段・同東伯町と松山市域の県外5地域とともに吉備中央部を席巻する興味深い分布状況である。また須恵器破片を石室床に敷く江川流域の後期後半の横穴式石室墳は岡山県寒風古墳とともに須恵器窯の工匠または直接それを掌握した人物の墓と考えられる。

周防宇部花ヶ池窯・佐波大判池窯が継続する。前者はV前半，後者は一時止絶しⅥの操業である。大日古墳はV段階に周防全域に影響力を及ぼした重要人物の墓で，配下に直続する群小古墳群を数群従えている。防府東部の末田古窯群はⅥに操業を開始し，奈良時代には小郡の陶古窯群に生産が集中される。末田の西大内には小型横穴式石室群墳があり，Ⅵ期の須恵器，漁錘の出土がある。長門では大須恵古窯群がVまで継続し，Ⅵ後半には山陰側大津郡に峠山古窯群・長行窯が出現し，その後玄海灘側の遠田，永田郷に移動があったようである。拾塚横穴群，見島古墳群など終末期古墳群や，豊浦部との関係で想定される。

山陰石見では平原古窯群・瑞穂古窯群が継続し，浜田国分町では奈古田窯，益田市では本片子窯がⅥ後半に出現し，奈良時代に続く。石見でも横穴はⅥ期まで築造されている。

出雲では大井古窯群がこの段階を経て奈良時代まで安定して操業を継続する。一方鳥取県では，7世紀前半から同末まで窯は未確認で，Ⅵ後半に土師百井廃寺用瓦陶兼業の奥谷窯と下坂窯群・山田窯群が出現し，山路・山田・花原と八頭古窯群を形成し，律令期因幡国の需要を賄っている。伯耆では埴見窯の後続は未発見で，8世紀前半に大山北麓の栃原窯が出現するまでが空白となっているが，各地域の群小群集墳の状況からみればV段階須恵器窯が必須であることは因伯ともに明白であり，他地域からの供給も考えられるとしても，今後の調査が期待される地域である。

南海道淡路では汁谷窯がVに継続し，東の洲本市大野丘陵に瓦陶兼業庄慶野窯が出現し，Ⅵ後半には藤原宮式軒平瓦6646型式も焼成した土生寺窯が続く。淡路島では三原郡の南部諭鶴羽山の北裾に4基，大野丘陵に4基，津名郡五色町南奥の下堺の丘陵に3基の窯址が分布するが，後代，「延喜式」に践祚大嘗祭に淡路国負担の由加物3種320口とあり，内庭に絡む生産物のありようは海部の贄とともに興味深いものがある。

阿波では板野古窯群の葛城神社裏窯が継続して，Ⅵ後半には法隆寺式軒丸瓦が阿波郡西原瓦窯で焼かれるが，庄倉の分布する讃岐側三木・山田郡からの要請と単純には言えない。上流美馬郡に坊僧池瓦窯が阿波最古の郡里廃寺，大型横穴式石室墳の太鼓塚と棚塚があり，国造級

の在地勢力の経営になるものとみられる。西原瓦窯の対岸 4kmの麻植郡旗見、坊僧の北方至近の蕨草に奈良時代の須恵器窯が伝えられる。旧長国の那賀川流域の西池田窯継続の有無は消滅のため不明だが、津峰背後の内原成松には瓦陶窯群が奈良時代前半には出現し、藤原宮式軒平瓦6646Ａ型式系統ほか出土の立善寺廃寺造営氏族のもとに奈良時代まで操業されている。土佐では南国市の笠ノ川窯に後続して土佐山田市新改古窯群が集中的に生産を拡大している。林谷窯群の一部がⅤに出現し、Ⅵ後半には段貫瓦陶兼業窯などが須恵奥に営まれ、国分寺瓦窯の東谷松本窯を経て谷奥の大法寺・入野窯群に続く。また物部川左岸の香美郡香我美町の徳王寺窯でもⅥの須恵器が焼成されていて一帯には平安時代窯も含め30基以上の窯址が存すと思われる。仁淀川流域と幡多郡の須恵器窯は奈良末平安期の所産で、中村市の顕著な祭祀窯跡群では ON 46〜TK 43 までの多量の須恵器を出土するが、今のところこの地域に古墳時代窯は認められない。

北四国讃岐ではⅣの須恵器窯の大半がⅤに継続し、Ⅵまで操業しないのは海寄の黒藤窯・青ノ山窯・瓦谷窯だけである。Ⅵに活発な展開をみた末度末窯群・公渕池古窯群・香南大坪窯群・三野古窯群・高瀬末窯群・山本辻古窯群と満濃池東岸城山北麓の峠奥窯の単独窯はいずれも8世紀前半までの操業で、奈良時代中葉以降は讃岐国府のある綾川上流の陶村古窯群に見事に集約される。この地域は、大型石室墳を複数持つ醍醐古墳群・加茂古墳群・新宮古墳など、後期古墳集中地域であり、その頭上には朝鮮式山城の城山遺跡、東方には国分寺・同尼寺が分布する香川県の中枢的位置にあたる。陶村古窯群の嚆矢は新宮古墳奥の打越窯で、Ⅴに出現し、奈良前半頃の池宮神社南窯群・庄屋原窯群に操業を継続する。同一水系での鮮やかなこの転移状況は讃岐須恵器生産の大転回を象徴するもので、他地域の廃窯と対照的な変化であり、他に例を求めるとすれば周防陶古窯群と類似すると言えよう。以後、播磨・近江・美濃（尾張）と同様平安後期まで大方相似した変遷を辿る。

伊予東部では大小小谷窯が継続し、Ⅵには瓶谷窯、涼川勝留窯が操業され金生古窯群をなし、西条市では飯岡窯が継続した。国府開設の越智郡では今のところ7世紀代の唐子台鳥越池瓦陶兼業窯が初現である。松山平野では窯址は衣山瓦窯（奈良時代）、大畑窯（Ⅵ以降奈良の瓦陶兼業窯か）、駄馬古窯群（亜社瓦窯も含めて10基未満、Ⅴ・Ⅵと奈良）、拝志古窯群（奈良・平安時代の瓦陶兼業窯数基）、砥部古窯群（Ⅲ・Ⅳの東群12基とⅣ・Ⅴ・Ⅵの西群8基）、伊予西部古窯群（城ノ鼻窯Ⅳ・Ⅴ、堂ノ前窯群Ⅴ・Ⅵの十数基、瓦ヶ鼻窯群8世紀の瓦陶兼業窯7基）の6地域に所在するが、砥部と伊予西部駄馬

の3群30基余の古墳時代窯址群が認められる。

重信川流域に対峙する6・7世紀の密度の高い分布状況は、邑久・磐梨両古窯群を持つ備前に次ぐもので注目される。発掘調査されたのは駄馬姥ヶ懐の1基と砥部の谷田Ⅰ・Ⅱ号窯の少数であるが、後者では窯址の下方に工房住居群、上方に操業を指導したとみられる大下田古墳群が小区画に集中する。砥部古窯群東群の古鎌山・通谷、西群の柳瀬・宮内、伊予西部の城ノ鼻・常ノ前にも同様の分布状況が窺えるが、工人集団を直接掌握する中小規模古墳と指導的な位置にある中規模以上の盟主的古墳の分布があり、さらにその上部に松山平野の前方後円墳の被葬者とヒエラルヒーが読み取れる。Ⅰ・Ⅱ段階の窯址発見が予測され、Ⅲ・Ⅳ・Ⅴと順調に生産を伸張し、Ⅵを経て奈良時代に操業を展開した松山平野の窯業は瀬戸内海西部にあって、豊前の天観寺山古窯群、長門大須恵古窯群とともに海路を目前とした広域に向けた生産であったと思われる。

九　　　州── ■ 舟 山 良 一
大野城市教育委員会

九州の須恵器全般については小田富士雄氏の業績があり、今回も多くそれらにおっている。また、6世紀以降の窯跡については筆者の勤務地である福岡県大野城市を中心に存在する牛頸窯跡群を中心に述べることをお許し願いたい。

1 初期の須恵器窯跡

九州の初期須恵器窯跡として近年注目を集めているのは、福岡県の内陸部朝倉地方で発見された小隈・山隈・八並の各窯跡群である。詳細は『甘木市史資料編』を参照願いたいが、これらの窯跡は近接する甘木市で調査された池ノ上・古寺墳墓群、小田茶臼塚古墳で出土した多量の陶質土器・初期須恵器と密接な関係を持つものと考えられている。これらの窯跡は発掘調査はされておらず表採資料であるが、山隈窯跡では陶邑Ⅰ型式1段階の土器と共通する特徴を持つものがある。小隈ではそれより古いとされる池ノ上の最古式に酷似する土器群が採集されているが、窯跡の確認までには至っていない。確認されればこの地の須恵器生産が陶邑より早くなる可能性が出てくる。

他に陶邑のⅠ型式に併行すると考えられる窯跡は福岡市新開窯跡・重留窯跡、佐賀市の神籠池窯跡がある。新開窯跡はⅠ型式4段階の開窯で、重留窯跡は新開と早良平野をはさむような場所に位置し、新開の次の段階の開窯らしい。神籠池窯跡は佐賀平野を南に臨む山地斜面に位置する。新開同様Ⅰ型式4段階頃に開窯されたと考え

られていたが，表採資料ながら3段階までさかのぼる可能性を持つ須恵器が注目され始めている。現在判明しているのは以上の3遺跡であるが，今後も新しく発見される可能性はあるだろう。

2　6世紀中頃以後の窯跡群（牛頸を中心として）

この時期になると窯跡は各地で急激にふえ，福岡県大野城市を中心とする牛頸窯跡群，同八女市の八女窯跡群，同北九州市の天観寺山窯跡群ではまとまった調査がなされ，小田氏らによって須恵器の編年作業が行なわれ，基礎資料となっている。ここでは牛頸窯跡群について記したい。

大野城市大字牛頸・上大利を中心に北は春日市，東は太宰府市の一部を含む東西約4km，南北4.6kmの範囲に分布し，6世紀中頃（小田氏編年のⅢA期）から8世紀（Ⅶ期）にかけて操業され，九州最大規模を誇る。

調査の現状　昭和53年頃までは調査は散発的であったが，54年頃から各種開発に伴って急激な増加ぶりを見せている。主なものをあげれば次のようになる。

①春日市　春日地区土地区画整理事業に伴う調査（昭53～60）30基（春日市教委）

②大野城市　県営牛頸ダム築造工事に伴う調査（昭57～61）70基（福岡県教委）

③大野城市　牛頸土地区画整理事業に伴う調査（昭57～61）25基（大野城市教委）

④大野城市　民間の団地造成工事に伴う調査（昭62～63予）24基（最終的に40基以上と推定，大野城市教委・大谷女子大学助教授中村浩）

合計149基（80%強が7世紀後半以降）

既調査分を含めると200基を越える窯跡が調査されたことになる。①については順次報告書が刊行され始めているが，その他も63年以降刊行の予定である。

編年の問題　1970年（昭45）刊行の『野添・大浦窯跡群』において小田氏らによって編年が示された。最古の須恵器を出す窯跡は野添6号窯跡で，ⅢA期，陶邑のⅡ型式1～2段階頃（以後，陶Ⅱ-1～2と略す）に相当するものである。杯身底部内面に同心円文叩きを残すなど陶邑と共通する特徴を持つ。編年上問題になるのは次のⅢB～Ⅳ期陶（Ⅱ-3～6）である。小型化とヘラケズリの粗略化が分類の基準となる。Ⅴ期（陶Ⅲ-1）は宝珠型のつまみを持つ蓋と蓋受けのない身の出現で特徴づけられる。しかし，未報告ではあるが，小田浦窯跡群中にⅣ期とⅤ期に属する杯蓋の約20セットが最終床面上に取り残された形で出土したことがある。それらは重なり合っていて同時に焼成されたことは明らかである。そしてⅣ期の蓋杯は径が大きくⅣ期でも古い部類に考えた方がよいものである。また，中通D-1・2窯跡はともにⅣ期に属

するが，切り合っていたものである。出土須恵器から，単純に径の大きいものから小さいものへの先後関係が成りたたないと考えられた。以上のことから，すでに言われていることではあるが，Ⅳ期，Ⅴ期に関しては直線的な先後関係ではなく，かなり併行する場合を考える必要があると思われる。

窯構造の問題　特徴的なⅣ～Ⅴ期の窯跡に限って記したい。この時期の窯跡は燃焼部・焼成部ともにほぼ同じ幅で全長が15mにも達するようなものがある。この場合，煙道付近でもさほど細くならず，煙出し部が多孔式となる。孔は横に3～4個並ぶものが多いが，時には上下2段に数個並ぶ場合がある。1孔は径30～40cmである。近くで大甕片が出土することがあって，孔をふさぐことによって燃え具合を調整したのではないかと想像される。その外側には弧状にのびる排水溝のつくことが多く，大変特徴的な形態をなす。

瓦陶兼業の問題　牛頸窯跡群中，神ノ前窯跡，大浦窯跡，月ノ浦窯跡で瓦が出土していたが，その後，後田窯跡，野添窯跡群でも発見された。いずれもⅣ～Ⅴ期の須恵器と共伴したものである。絶対年代では6世紀末～7世紀前半頃と考えられている。技術的に稚拙で，同心円文叩きがあるなど，須恵器工人が密接に関係していたものと考えられる。月ノ浦窯跡からは軒丸瓦以外に鴟尾も出土し，窯跡からの出土としては九州最古の例となった。いずれも須恵器量に比べて瓦の量が少ないことが特徴の1つとしてあげられる。

その他の窯跡　牛頸窯跡群が筑前を代表するものならば，筑後を代表するのが八女窯跡群である。ⅢA期～Ⅶ期（6世紀中頃～8世紀）までの窯跡が知られているが，Ⅳ期の窯跡を欠いている。立山山1号窯では埴輪の焼成を行なっていた。豊前では周防灘沿岸の北九州市から大分県宇佐市にかけて多くの窯跡が知られている。北九州市の天観寺山窯跡はⅣ・Ⅴ期の窯跡で該期の編年の基準となっている。地理的影響か蛸壺，棒状土錘などの漁具が出土している。また，豊前ではⅤ・Ⅵ期は中南部，Ⅶ期以降は天観寺山の後背山塊を中心とする北部地域へ中心が移る。この点，古墳時代から歴史時代へ同一地域で推移していく牛頸とは様相を異にする。

須恵器生産は政治と極めて密接な関係があり，牛頸その他6世紀中頃から始まる規模の大きい窯跡群の形成も，磐井の乱，大和政権の実質的九州進出，古代国家の形成と関わり合っていると考えているが，それらについては論じられなかった。

最後に，本項を書く機会を与えて頂いた中村浩先生，紙幅の関係で省略させて頂くが，協力頂いた九州各地の文化財担当者，同僚に厚く感謝の意を表します。

古墳時代主要須恵器窯跡地名表

\<宮城県\>
台ノ原・小田原窯跡群（大蓮寺窯跡を含む）
　　　　　仙台市原町・台ノ原・小田原ほか
金山窯跡群　　仙台市西多賀
\<福島県\>
善光寺窯跡群　　相馬市塚部字善光寺ほか
泉崎窯跡　　西白河郡泉崎村
\<栃木県\>
南高岡窯跡群　　真岡市南高岡
\<茨城県\>
幡山窯跡群　　常陸太田市幡町幡山
\<群馬県\>
金井窯跡群（菅ノ沢窯跡群，亀山窯跡群，入宿窯跡群を
　　含む）
　　　　　太田市東今泉菅ノ沢・東金井字亀山・入宿
乗附窯跡群　　高崎市乗附
\<千葉県\>
練木窯跡群　　君津市練木
\<埼玉県\>
南比企窯跡群（桜山窯跡群，根平窯跡群，舞台窯跡群，
　　小用窯跡群を含む）
　　　　　東松山市田木字桜山・根平・舞台・比企郡
　　　　　鳩山町小用
羽尾窯跡群　　比企郡滑川村羽尾
\<神奈川県\>
熊ヶ谷東窯跡群　　横浜市港北区奈良町
\<長野県\>
聖高原東麓窯跡群（松ノ山窯跡群を含む）
　　　　　長野市信更町田野口
小金山窯跡群　　長野市篠ノ井布施五明
\<山梨県\>
7世紀中葉以降
\<静岡県\>
湖西窯跡群（明通り窯跡群，筒川窯跡群，大沢窯跡群，
　　川尻窯跡群を含む）
　　　　　湖西市山口・筒川・笠子ほか
有玉窯跡群　　浜松市半田町西ノ谷
安久路窯跡群　　磐田市西貝塚
衛門坂窯跡群　　袋井市岡崎
星川窯跡群　　小笠郡大東町
\<愛知県\>
猿投山西南麓窯跡群（東山窯跡群，城山窯跡群，卓ヶ洞
　　窯跡群を含む）
　　　　　名古屋市東山区・千種区・尾張旭市城山
　　　　　町・霞ヶ丘町ほか
尾北窯跡群（下原窯跡群を含む）
　　　　　春日井市・小牧市ほか

追狭間窯跡群　　岡崎市滝町
上向イ田窯跡群　　豊田市亀首町上向田
\<岐阜県\>
美濃須衛窯跡群　　各務原市・岐阜市・鵜沼町ほか
東濃窯跡群　　多治見市・土岐市
\<三重県\>
稲生窯跡群　　鈴鹿市稲生町
久居窯跡群（藤谷窯跡群を含む）
　　　　　久居市・津市
小杉大谷窯跡群　　四日市市小杉町
\<新潟県\>
7世紀末以降
\<富山県\>
立山窯跡群（亀谷堤谷窯跡群を含む）
　　　　　中新川郡上市町柿沢・堤谷
小杉大門窯跡群　　射水郡小杉町・大門町生源寺ほか
呉羽山窯跡群（金草窯跡群を含む）
　　　　　富山市呉羽・金草・古沢ほか
\<石川県\>
能登鳥屋窯跡群（深沢窯跡群を含む）
　　　　　鹿島郡鳥屋町深沢・末坂
羽咋窯跡群（柳田窯跡群を含む）
　　　　　羽咋市柳田町ウワノほか
高松押水窯跡群　　羽咋郡押水町・河北郡高松町
加南窯跡群（南加賀窯跡群，粟津窯跡群，那谷金比羅山
　　窯跡群を含む）
　　　　　加賀市・小松市ほか
\<福井県\>
越南窯跡群（武生南部窯跡群を含む）
　　　　　武生市広瀬町・池上・春日野町字城谷山
　　　　　ほか
永平寺窯跡群（大畑窯跡群を含む）
　　　　　吉田郡永平寺町諏訪間・大畑
\<滋賀県\>
泉古窯跡　　甲賀郡水口町泉
夕日ヶ丘古窯跡群　　野洲郡野洲町成橋
堅田古窯跡群　　大津市堅田町真野
瀬田古窯跡群　　大津市石山南郷町ほか
大篠原東古窯跡群　　野洲郡野洲町大篠原
宮川古窯跡　　蒲生郡蒲生町宮川
高坪古窯跡　　愛知郡秦荘町常安寺高坪
天神山古窯跡群　　大津市仰木町庄田
鏡山北東麓古窯跡群　　蒲生郡竜王町
\<京都府\>
園部古窯跡群　　船井郡園部町小山西・城南ほか
賀茂野古窯跡群　　福知山市猪崎賀茂野
西原古窯跡群　　綾部市西原ゆきおれほか

篠古窯跡群（村山神社古窯跡を含む）
　　　　　　　亀岡市篠町森
山科古窯跡群　京都市山科区北花山ほか
田辺古窯跡群　綴喜郡田辺町薪畑山ほか
平野山古窯跡群　八幡市橋本平野山
隼上り古窯跡群　宇治市菟路東隼上り
　＜大阪府＞
陶邑古窯跡群　堺市・和泉市・狭山市ほか
千里古窯跡群（桜井谷窯跡群，釈迦ヵ池窯跡群など）
　　　　　　　豊中市西緑丘・小路・吹田市朝日が丘・
　　　　　　　原・岸辺北ほか
一須賀古窯跡群　南河内郡太子町葉室・河南町一須賀
ゴルフ場古窯跡　茨木市上穂積
枚方丘陵古窯跡群（藤阪古窯跡，津田古窯跡，山田池北
　　古窯跡，山田池南古窯跡，宮山古窯跡を含む）
　　　　　　　枚方市藤阪・津田・田口・出屋敷など
大谷古窯跡　交野市寺
久米田池古窯跡　岸和田市池尻町
海岸寺山古窯跡　貝塚市半田
　＜奈良県＞
今井古窯跡　五条市今井町
平野古窯跡　北葛城郡香芝町平野
　＜和歌山県＞
吉礼砂羅谷古窯跡　和歌山市吉礼砂羅谷
菩提池古窯跡　那賀郡貴志川町北
下安富古窯跡　御坊市下安富
阪東丘古窯跡群　御坊市藤田町北吉田
西之池古窯跡　日高郡南部町西の池
内池古窯跡　海南市大野中字内池
地蔵山古窯跡群　海南市吉備町土生
山崎古窯跡　田辺市湊町
　＜兵庫県＞
那波野丸山古窯跡　相生市那波野研屋垣内
郡山古窯跡群　三田市末野郡塚
鬼神谷古窯跡群　城崎郡竹野町字宮ノ下
鴨谷池古窯跡群　明石市魚住町西岡
中山古窯跡　養父郡関宮町三宅字中山
八代古窯跡　姫路市八代町
大岡古窯跡　姫路市青山町大岡
中井鴨池古窯跡　竜野市竜野町中井
林山古窯跡　神戸市長田区林山町
青山古窯跡群　姫路市青山町出屋敷千石池
岡田古窯跡群　朝来郡和田山町岡田
松谷古窯跡　朝来郡朝来町石田字宮ノ奥
法花寺古窯跡　豊岡市法花寺字タニノオカ
宮ノ谷古窯跡　城崎郡日高町中字宮ノ谷
尾鼻古窯跡　城崎郡日高町庄境字尾鼻
倉谷古窯跡　城崎郡日高町庄境字倉谷
童子山古窯跡　西脇市山手町童子山
高丘古窯跡群　明石市大久保

　＜岡山県＞
邑久窯跡群　邑久郡邑久町・長船町
磐梨窯跡群　赤磐郡山陽町・熊山町
勝田窯跡群　勝田郡勝央町
皿山窯跡群　津山市
戸瀬池窯跡　和気郡佐伯町矢田部
児島窯跡群　倉敷市林・曽原
備中陶窯跡群　倉敷市玉島陶
二子御堂奥窯跡群　倉敷市二子
金光須恵窯跡群　浅口郡金光町須恵・大谷・上竹
末の奥窯跡群　都窪郡山手村宿
　＜広島県＞
沼隈窯跡群　福山市神村・熊野
御調窯跡群　御調郡御調町
世羅窯跡群　世羅郡世羅町・世羅西町
松ヶ迫窯跡群　三次市東酒屋
　＜鳥取県＞
中村窯跡群　鳥取市中村
私都窯跡群（下坂，山田，花原，山路，塔ノ谷，篠波各
　　窯跡を含む）
　　　　　　　八頭郡郡家町
埴見窯跡群　東伯郡東伯町
　＜島根県＞
門生窯跡群　安来市閑生町高畑・山根
瑞穂窯跡群　邑智郡瑞穂町
大井窯跡群（廻谷窯跡を含む）
　　　　　　　松江市大井町大海崎町
西平原窯跡群　益田市西平原町中塚・芝塚
日脚窯跡群　浜田市日脚町
　＜山口県＞
陶窯跡群　山口市陶・吉敷郡小郡町
大須恵窯跡群　小野田市小野田・大須恵
大判池窯跡　防府市大崎江良
末田窯跡群　防府市牟礼末田
末原窯跡群　美禰郡美東町
峠山窯跡群　大津郡日置町峠山
　＜香川県＞
三郎池西岸窯跡　高松市三谷町
公渕窯跡群　高松市東植田町・大川郡三木町
讃岐陶窯跡群　綾歌郡綾南町
打越窯跡　坂出市府中町
青ノ山窯跡群　丸亀市土器町
宮山窯跡　三豊郡豊中町比地大
山本辻窯跡群　三豊郡山本町
三野窯跡群　三豊郡三野町
　＜徳島県＞
内ノ御田窯跡群　徳島市国府町・入田町
阿南窯跡群　阿南市富岡町・内原町・亀崎
板野窯跡群　板野郡板野町・鳴門市大麻町

75

<愛媛県>
金生窯跡群　　川之江市金生町・金田町
砥部窯跡群（谷田・古鎌山・通谷・西大池・深瀬・宮内
　　　・北川毛各窯跡を含む）
　　　　　　　　　　松山市西野町・伊予郡砥部町
伊予西部窯跡群　伊予市市場・三秋・大平
<高知県>
笹ノ川窯跡　　　南国市岡豊町笠ノ川楓谷
土佐山田窯跡群　香美郡土佐山田町
<福岡県>
牛頸窯跡群　　　大野城市・春日市・太宰府市
古月窯跡群　　　鞍手郡鞍手町古門
野中窯跡　　　　遠賀郡遠賀町
野間窯跡群　　　遠賀郡遠賀町
夏井ヶ浜窯跡　　遠賀郡芦屋町
井手ヶ浦窯跡群　飯塚市
大分窯跡群　　　嘉穂郡穂波町・筑穂町
到津都町窯跡　　北九州市小倉北区
東宮ノ尾窯跡　　北九州市小倉北区
糠ノ粉池窯跡群　北九州市小倉南区
水晶山系窯跡群（天観寺山窯跡群を含む）
　　　　　　　　北九州市小倉南区・京都郡苅田町
天郷窯跡　　　　田川郡赤池町
船迫窯跡群　　　筑上郡築城町
山田窯跡群　　　筑上郡新吉富村
四郎丸窯跡群　　豊前市船入
新開窯跡　　　　福岡市西区今宿
四十塚窯跡　　　福岡市南区柏原
中島窯跡　　　　福岡市南区中島
重留窯跡　　　　福岡市早良区
須恵窯跡群　　　宗像市河東
稲元窯跡群　　　宗像市稲元
須恵窯跡群　　　粕屋郡須恵町
小隈窯跡群　　　朝倉郡夜須町
八並窯跡群　　　朝倉郡夜須町
山隈窯跡群　　　朝倉郡三輪町
池田窯跡　　　　久留米市上津町
花立山窯跡　　　三井郡大刀洗町
八女窯跡群　　　八女市忠見区
姥ヶ懐窯跡群　　三池郡高田町
勝立窯跡群　　　大牟田市勝立
乙金窯跡　　　　大野城市乙金
雉子ヶ尾窯跡群　大野城市乙金
裏ノ田窯跡　　　太宰府市
岩長浦窯跡群　　粕屋郡宇美町
<佐賀県>
神籠池窯跡　　　佐賀市久保泉町
妙楽寺窯跡　　　佐賀市久保泉町
不動滝窯跡　　　佐賀市久保泉町
大小野窯跡　　　佐賀市金立町

三本黒木窯跡　　佐賀市金立町
平原窯跡　　　　神埼郡神埼町
散二本窯跡　　　小城郡小城町
牟田辺窯跡　　　多久市南多久町
相浦窯跡　　　　多久市北多久町
鞍投窯跡　　　　小城郡三日月町
牧窯跡　　　　　杵島郡北方町大崎
向野窯跡　　　　杵島郡北方町
光武窯跡　　　　藤津郡塩田町
高月窯跡　　　　藤津郡塩田町
山川窯跡　　　　東松浦郡北波多村
立園窯跡　　　　東松浦郡北波多村
峰の辻窯跡　　　東松浦郡北波多村
<熊本県>
荒尾窯跡群　　　荒尾市
植木窯跡群　　　玉名市・鹿本郡植木町
熊飽窯跡群　　　熊本市・飽託郡北部町
宇城窯跡群　　　下益城郡富合町・城南町・松橋町・豊野
　　　　　　　　村・中央町・宇土郡不知火町
八代窯跡群　　　八代市・八代郡宮原町
球磨窯跡群　　　球磨郡錦町・上村・須恵村
<大分県>
伊藤田窯跡群　　中津市三保区
野依窯跡群　　　中津市
新池窯跡　　　　宇佐市蜷木
野森窯跡　　　　宇佐市西大堀
柚ノ木窯跡　　　宇佐市
<宮崎県>
松ヶ迫窯跡　　　宮崎市
古川窯跡　　　　延岡市
苺田窯跡　　　　延岡市行縢町吉野
下村窯跡　　　　宮崎郡佐土原町
<鹿児島県>
鶴峯窯跡　　　　川内市
荒平窯跡群　　　日置郡金峰町
岡野窯跡群　　　伊佐郡菱刈町
カメヤキ窯跡群　大島郡伊仙町

*　本地名表の作成は伊藤博幸（東日本）・藤原　学（近畿）・
松本敏三（中国・四国）・舟山良一（九州）各氏による。
**　近畿地方は中村　浩 1980，山田邦和 1983・1986のほか，
各県発行の文化財分布図によった。 また九州地方は小田富
士雄氏作成のものに近年の成果を加筆した。

土師器研究の標識遺跡（東日本）━━━━━■ 松尾昌彦
筑波大学大学院研究生

五領遺跡／神谷原遺跡／南小泉遺跡／外
原遺跡／八王子中田遺跡／日秀西遺跡

考古学研究の上で，もっともその対象に取り上げられる機会の多いのは土器であろう。これは，考古学の基礎とも言うべき編年研究の根幹を成しているのが土器研究であることがその主たる理由であるが，現在発掘調査の対象となっている遺跡の多くが集落遺跡であることも大きな要因の一つであろう。つまり，日々蓄積されている考古資料の多くが集落遺跡から出土した土器であり，これらの資料整理を通じて多くの土器研究者が産み出されているとも言えるのである。

古墳時代の研究においても例外ではなく，集落遺跡の調査などの土器器研究の基礎資料の増加にはめざましいものがある。このような膨大な資料のなかから，土師器研究の標識遺跡を抽出することは容易ではない。本稿では一応古墳時代前期・中期・後期それぞれに2遺跡ずつ当て，計6遺跡を紹介した。しかしながら，筆者の力量不足から取り上げた遺跡の多くが関東地方のものとなってしまい，東日本の標識遺跡を，とする編集者の意図に必ずしも応えることができなかったことをお詫びしておきたい。

なお，最近の東日本各地の土師器研究の成果については，古墳時代土器研究会の諸氏による労作も発表されている[1]。併せて参照されたい。

①五領遺跡[2]（埼玉県東松山市大字柏崎字五領・大谷）
五領遺跡は東松山台地の一部が東方に長く張り出した舌状台地の付け根に位置する。遺跡は約5ヘクタールほどの範囲であり，A～C区に分けられている。調査は昭和29年にC区で行なわれたのを手始めに，A区で昭和32年，B区で昭和38年に行なわれた。その結果，その後5次にわたって調査が行なわれたA区では100軒以上の住居址が，B区では住居址56軒と方形周溝墓が，C区では弥生時代と古墳時代前期の住居址各1軒が確認された。また，これらの調査に先立って出土した土師器は杉原荘介・中山淳子両氏によって和泉式以前に位置づけられ[3]，これらの土器は後に五領式土器と呼ばれて古墳時代前期に位置づけられるに至ったのである。

しかしながら，本遺跡はこのような古墳時代前期の標識遺跡であるにもかかわらず，その内容は必ずしも明らかになっていない。たとえば，住居址がもっとも多く検出されたA区については，その概略しか知り得ないのである。とりわけ，五領式土器については現在大きく2期に区分するものと3期に区分するものとがあるが，これ

も五領遺跡出土土器の全容が不分明なまま研究が進められたことにその一因があったことが指摘されている[4]。一日も早い正式報告の刊行が待たれるところである。

②神谷原遺跡[5]（東京都八王子市椚田町）
神谷原遺跡は多摩川支流の湯殿川が開析した小河谷に面し，低湿地との比高差30mほどの台地上に立地する。遺跡はこの台地上の70,000m²ほどの範囲に拡がっていた。調査は昭和51年から55年にわたって行なわれ，163軒の住居址と34基の方形周溝墓から成る弥生時代末から古墳時代前期にかけての集落址であることが確認されている。

本遺跡では大村直氏によって，台付甕・高坏・器台の型式変化を指標として，神谷原Ⅰ～Ⅲ式が設定されている。これらはⅠ～Ⅱ式が東海西部地方欠山式・畿内地方庄内式に，Ⅲ式が東海西部地方石塚式・畿内西部地方布留Ⅰ式に併行するものとされている。このような編年案については若干の批判もあるが[6]，いずれにせよ，一遺跡での豊富な資料を基にした五領式併行期の細分案はその後の南関東地方の編年観に大きな影響を与えたと言えよう。

③南小泉遺跡[7]（宮城県仙台市南小泉）
南小泉遺跡は仙台平野の北部に位置し，広瀬川中流域右岸の標高9.0mほどの沖積地に立地する。遺跡は仙台市遠見塚1丁目から南小泉にまたがり，東西1.5km，南北約0.9km，面積約250,000m²を測る仙台市内最大規模のもので，東北地方の古墳時代中期の土師器である南小泉式の標識遺跡である。

南小泉遺跡は昭和11年頃から畑の天地返しによってその存在が知られ，昭和14年頃霞ノ目飛行場拡張工事の際に多くの遺物や竪穴式住居が検出されるに及んで学界に周知されるに至った。その後，南小泉遺跡地内における開発に伴う発掘調査が昭和52年から現在に至るまで10数次にわたって行なわれてきた。その結果，本遺跡は古墳時代のみならず，弥生時代から中・近世に至る多くの遺跡・遺物を伴う複合遺跡であることが明らかになってきている。

南小泉式土器は，最大径が中位にある球形の体部と短く外反する口縁部を持つ大型の壺形土器，口縁高と体部高，口縁径と体部径がほぼ等しい小型・中型の壺形土器，中膨らみ中空の脚部を有する高坏形土器，細長い体部に単調で外反する口縁部を持つ甕形土器，複合口縁の

77

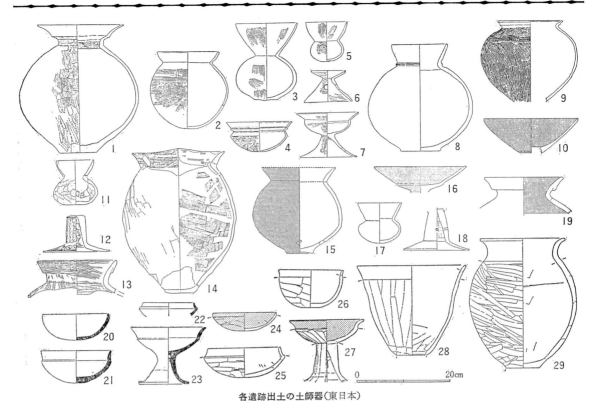

各遺跡出土の土師器(東日本)
1～7：五領遺跡＜金井塚1981＞，8～10：神谷原遺跡＜大村ほか1981＞，11～14：南小泉遺跡＜仙台市教育委員会1985＞，
15～19：外原遺跡＜八幡ほか1972＞，20～23：中田遺跡＜甲野ほか1967＞，24～29：日秀西遺跡＜清藤・上野1980＞

円錐形状および無底の深鉢形を呈する甑形土器，などを特徴とする[8]。このような組成を示す南小泉式土器は，現在塩釜式土器に続く古墳時代中期の所産のものであることが明らかになってきている。

しかしながら，本遺跡はこのような東北地方の古墳時代中期の標識遺跡であるにもかかわらず，その全貌はかならずしも明確になってはいない。つまり，遺跡地内で繰り返されている小規模な調査からの類推の段階に留まっているとも言えるのである。最近，南小泉式土器の細分の可能性が指摘されながら，必ずしもその研究の進展を見ていないのも，このような点にその一因があるのであろう。

④外原遺跡[9]（千葉県船橋市田喜野井町外原）
外原遺跡は東京湾北岸に面する下総台地上に立地し，小河川の侵食によって形成された谷津谷の奥部に位置する。調査は宅地造成に先立ち，昭和45年5月に約6,000m²を対象に行なわれた。その結果，古墳時代中期の住居址10軒などが検出されており，和泉式期の土器の様相を知る上で重要な遺跡である。

本遺跡では松浦宥一郎氏によって和泉式土器の編年が試みられている。氏は外原遺跡の土器群を新旧の2期に分け，外原第Ⅰ様式は坏の出現や椀・高坏の様相などから和泉遺跡のそれよりやや後出するとし，外原第Ⅱ様式は小型台付甕や小型坩が消失し，椀および坏の数量的増加が顕著であるなどの点を特色とし，鬼高Ⅰ式の直前の様相を示すものとしている。

また，本遺跡は夥しい量の滑石製模造品が出土していることでも著名であり，とくに，第3号住居址からは軽石・砥石などとともに，その製作工程を示す原石・剝片などが相当量出土している。このような滑石製模造品の工房址のあり方もまた，古墳時代中期の祭祀の様相を反映しているものと言えよう。

⑤八王子中田遺跡[10]（東京都八王子市川口町）
中田遺跡は多摩川の上流，八王子盆地北縁の低台地上に立地する。遺跡は微高地である約38,000m²の台地上全面に拡がる大規模なものである。調査はこれをA～E区に分け，昭和41年から42年にかけて行なわれた。その結果，縄文時代中期から平安時代までの142軒の住居址が検出され，古墳時代後期のものは78軒が確認されている。

岡田淳子氏らは本遺跡の資料を中心に鬼高式から国分式までに至る編年を作り上げた。一つの遺跡の資料から設定された編年案としては最初のものであり，研究史上重要である。鬼高式については3類に分類されている。

すなわち，小型坩はⅠ類にのみ認められ，高坏はⅡ類までで姿を消すこと，製作技法はⅠ類までは箆磨きが盛行しⅢ類から箆削りが主流となること，坏・高坏に施される紅彩はⅠ類では90% 以上なのに対しⅢ類に至ってほとんど認められなくなること，甕形土器は球胴から長胴へ変化すること，などの変化を捉えられた。

また，本遺跡は台地上に拡がる集落址の全貌が捉えられた遺跡としても重要であり，古墳時代後期の集落の変遷過程を検討する上で俎上に載ることも多い。服部敬史氏[11]は6世紀から7世紀に至る変遷過程を考えられ，後Ⅰ期には3〜4群あった単位集団はしだいに縮小拡散していくとされた。しかしながら，このような意見に対して，同時期の集落としては区画のための溝が無いことや住居址の重複がほとんどないことから，一つの単位集団の繰り返しの居住の可能性も指摘されている[12]。

⑥日秀西遺跡[13]（千葉県我孫子市日秀西）
日秀西遺跡は利根川と手賀沼に挟まれた台地上に立地し，標高約 20m の台地縁辺部に位置する。調査は昭和52 年から53 年にわたって行なわれ，古墳時代後期の住居址 186 軒のほか，縄文時代早期から前期のもの8軒，弥生時代後期のもの2軒，古墳時代前期のもの2軒などが確認されている。

出土土器の主体をなす古墳時代後期の土師器は調査者の一人である上野純司氏によって再検討が加えられている[14]。氏はこれらが赤色塗彩の土器を中心とした土器群から黒色処理した土器群に移行するとし，さらに，後者を土器組成や整形方法によって2群に細分し，日秀西遺跡の鬼高式土器を3期に区分された。そして，Ⅰ〜Ⅲ期が6世紀中葉から7世紀後葉に相当するとし，同時に鬼高式土器の初源を5世紀末に遡らせる見解も示している。つまり，鬼高式土器を少なくとも4期以上に細分し得る可能性を示したものと言え，さらに，第Ⅱ期・第Ⅲ期を2時期ずつに細分できる可能性を指摘することによって，これらを約 25 年間単位に分別し得るとした[15]。

また，本遺跡のもう一つの特徴としては鉄器の出土量の多さが挙げられる。つまり，鬼高式期の住居址の実に40% 以上から鋤先・鎌・刀子・鎧・小札・鉈などを出土しており，これはかつて原島礼二氏の想定された鉄器保有率を大きく上回るものである。このような事実は古墳時代後期に対する従来の評価に再考を促すものであり，この点においても，本遺跡は古墳時代研究上重要な遺跡と言える。

註
1) 古墳時代土器研究会『古墳時代土器の研究』1984
2) 金井塚良一ほか「五領遺跡B区発掘調査中間報告」台地研究，13，1963
　　杉原荘介「五領遺跡出土の土器」『土師式土器集成　本編Ⅰ』東京堂，1971
　　金井塚良一「五領遺跡」『東松山市史・資料編第1巻』1981
　　熊野正也「五領遺跡における外来系土器の検討」駿台史学，70，1987
3) 杉原荘介・中山淳子「土師器」『日本考古学講座』5，河出書房，1955
4) 台地研究会ほか「シンポジューム・五領式土器について」台地研究，19，1971
5) 大村　直ほか編『神谷原Ⅰ』八王子市椚田遺跡調査会，1981
　　大村　直編『神谷原Ⅲ』八王子市椚田遺跡調査会，1982
6) 岩崎卓也「書評・『神谷原』Ⅰ」考古学雑誌，67―2，1981
7) 伊東信雄「仙台市内の古代遺跡」『仙台市史　3別編1』1950
　　仙台市教育委員会『南小泉遺跡―範囲確認調査報告書―』仙台市文化財調査報告書第13集，1978
　　仙台市教育委員会『南小泉遺跡―第13次発掘調査報告書―』仙台市文化財調査報告書第81集，1985
8) 氏家和典「東北土師器の型式分類とその編年」歴史，14，1954
9) 八幡一郎・岡崎文喜・松浦宥一郎『外原』船橋市教育委員会，1972
10) 甲野　勇ほか『八王子中田遺跡（資料編Ⅰ〜Ⅲ）』八王子市中田遺跡調査会，1966〜68
11) 服部敬史「関東地方における古墳時代後期の集落構成」考古学研究，25―1，1978
12) 甲元真之「農耕集落」『岩波講座・日本考古学』4，岩波書店，1986
13) 清藤一順・上野純司編『千葉県我孫子市日秀西遺跡発掘調査報告書』千葉県教育委員会・財団法人千葉県文化財センター，1980
14) 上野純司「鬼高式土器の細分をめぐって―我孫子市日秀西遺跡出土の土器を中心として―」『論集日本原史』1985
15) なお，千葉県内の鬼高式土器の細分案については，鬼高期研究グループによっても6段階の変遷が考えられている。
　　鬼高期研究グループ「房総における鬼高期の研究（研究編）」『日本考古学研究所集報Ⅳ』1982

土師器研究の標識遺跡（西日本） ——————■古 谷　毅
國學院大學大学院

布留遺跡／王泊遺跡／船橋遺跡／纒向遺跡／酒津遺跡／鍵尾遺跡／柏田遺跡

古墳から出土する赤褐色の素焼き土器は，今世紀の始め頃から「土師器」と呼ばれるようになっていたが，これを古墳時代の土器として初めて認識したのは 1938 年の奈良県布留遺跡の調査[1]であった。ここにおいて小林行雄らは飛鳥・奈良時代以前の土器に「布留式」の様式名を与えた。西日本においてはその後，1943年，岡山県高島王泊遺跡の調査[2]によりその具体的内容が捉えられ，先行する土器群の存在が予測された。ついで，1956〜58 年の大阪府船橋遺跡[3]，1964 年の上田町遺跡[4]の調査においては布留式前後の細分が進められるとともに，先行する土器群の内容があきらかにされ，1965年，田中琢によって「庄内式」が提唱された[5]。同時に各地でも弥生土器と分離すべき最古の土師器の追求が進められ，まず山陽地方では1955年，岡山県酒津遺跡の調査[6]で「酒津式」が取り出され，山陰地方でも1962・63年の島根県鍵尾遺跡の調査[7]で「鍵尾式」の提案がなされた。また，九州地方でも1950〜52 年の大分県安国寺遺跡[8]の調査で弥生最終末の土器群の抽出がなされ，庄内式に相当する一群が存在したものの土師器としては認識できず，1964年に提唱された「野辺田式」[9]の内容を 1966・68 年，福岡県有田遺跡[10]の調査においてようやく有田Ⅰ〜Ⅲ期の変遷で位置づけた。

しかし，これらはいずれも資料の純粋性，僅少性の問題から 1970 年代後半に至り，それぞれ奈良県纒向遺跡[11]，岡山県川入遺跡・上東遺跡[12]，鳥取県福市遺跡[13]，同青木遺跡[14]，福岡県柏田遺跡[15]などの調査で豊富な一括資料により検証され，具体的な内容の変遷が跡づけられている。一方，7 世紀の土器についても飛鳥・藤原京の調査により，飛鳥Ⅰ〜Ⅴの5期区分案が示された[16]。その後，これらの成果を軸に数多くの研究が提出され，各地の併行関係，漢式系土器の問題など多岐にわたり進展をみせているほか，近年，奈良県矢部遺跡[17]の調査では再度「布留式」の細分と系譜の問題が取り上げられ，新たな展開をみせている。

①布留遺跡（奈良県天理市豊田・豊井・三島・布留・杣之内町）

奈良盆地東縁の山麓から西流する布留川によって形成された扇状地上に位置し，約 1.4km 四方の範囲にわたる。布留川を境にして南北の台地上に分かれ，遺物の分布から 3 ヵ所の集落が推定されている。西方沖積地には弥生時代後期の遺跡が点在し，遺跡内の布留川北岸にも集落が確認されている。遺跡南方には 100m 級の前方後円墳 2 基を含む杣之内古墳群があるほか，両者の中間東方山麓には石上神宮が存在する。1938 年，旧高等女学校のプール建設に先立って 5 地点の調査が行なわれ，古墳時代の遺跡であることが確認された。その後，1953年からは大規模な開発が進行し，断続的に調査が進められる一方，1976〜78 年には範囲確認調査が実施されている。1938 年の豊井地区の調査では，一種の敷石遺構が検出された層位から多量の土師器が出土し，それまでの都城址から出土する土師器よりも古い様相を呈することから，多少の夾雑物を含むものの布留式土器として提唱されるに至った。そして，1969 年の杣之内地区の調査では，旧河床の覆土から層位的に唐古第Ⅴ様式から布留式にいたる土器の内容が示されている[18]。なお，布留地区では特殊な埴輪や土器，有孔円盤などを用いた敷石遺構が調査されているほか，近年では三島地区でも旧河床から大量の木製品などが出土している。また，豊井地区では滑石および碧玉製の玉類の製品・未製品が出土しており，工房址の存在が推定されている。

②王泊遺跡（岡山県笠岡市高島字王泊）

岡山県の西南端の瀬戸内海上に浮かぶ島々のひとつ，高島の東部に所在する。砂浜が拡がる汀線から約 20m に位置する高島神社境内が調査地であるが，浅い谷状の地形で，この付近では遺物の出土地は十数ヵ所に及んだという。1943 年，記紀にみえる神武天皇の吉備高島宮の所在を明らかにするという地元の要望で調査が実施された。包含層は 8 層に分けられ，最下層は湧水があり確認できなかったが縄文時代晩期の土器が出土している。第 2 層では当初住居跡とされた製塩炉と推定される遺構が調査されている。遺物は 1〜6 層の各層から検出され，古墳時代全般の土器組成の変遷が示された。このうち土師器といわゆる師楽式土器だけで構成される第 5 層の土器は，1938 年に調査された布留遺跡の土器に対応するとされ，大阪府小若江北遺跡出土土器をあげて様式の内容が示された。また，第 3 層の土師器は須恵器との共伴関係が確認され，大阪府小若江南遺跡出土土器と対比させている。一方，第 6 層の土師器だけで構成される土器群の様相から，第 5 層の土器群以前にも土師器の一様式が成立する可能性を指摘した。

③船橋遺跡（大阪府柏原市古町，藤井寺市船橋）

奈良盆地を流れる大和川は生駒・葛城両山塊の間をと

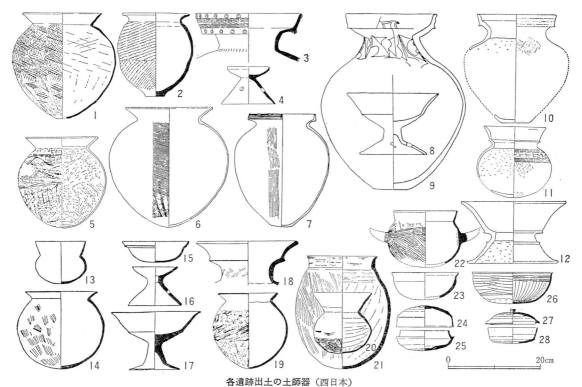

各遺跡出土の土師器（西日本）

1〜4：纒向遺跡（東田地区南溝上層・纒向3式古），5：矢部遺跡（溝301・布留0式），6：柏田遺跡（1号長方形土壙・柏田Ⅰ期），7〜9：酒津遺跡（川床黒褐色粘土層），10〜12：鍵尾遺跡（A地区5号土壙墓・鍵尾Ⅱ式），13〜17：布留遺跡（黒褐色土層），18・19：王泊遺跡（第5層），20〜25：船橋遺跡（O地区第Ⅴ層），26〜28：小墾田宮推定地（5AOH地区SD050・飛鳥Ⅰ期）

おり，大阪平野へ流れ出るとすぐに石川と合流する。かつて淀川に合流していた北西への流路は18世紀の付け替えでここから西へ向かうが，遺跡はこの地点に位置し，上面が流水で洗われるようになった。範囲は東西約1.5 kmにわたるが，立地は河内・大和の出入口にあたり，南方には古市古墳群が隣接するなどきわめて重要な環境にある。弥生時代墳墓，古墳時代溝跡，飛鳥時代寺院・掘立柱建物跡などの遺構のほか，遺物は縄文・弥生時代から中世に及び，多量の土器・瓦類が採集されている。縄文時代晩期末「船橋式土器」の標識遺跡でもある。1948〜52年の調査の後，1954年の堰堤工事によりさらに下流が著しく侵食を受けて杭列遺構や多量の遺物が露出したため，流失の懸念から1956〜60年に発掘調査が実施された。調査区は河床を24地区に分割したもので，O地区では包含層が5層検出され，第Ⅱ層上面が遺物出土状態と有機物の堆積から流水のない安定した時期であると推定された。最下層の第Ⅰ層からは須恵器を含まない土師器群が検出され，大阪府小若江北遺跡，岡山県王泊遺跡第5層出土資料よりも新しい要素をもつものと位置づけられた。また，須恵器を含む第Ⅲ層出土資料は小若江南遺跡，王泊遺跡第4層出土資料に対応し，K地区第Ⅰ層出土資料は小若江北遺跡出土資料よりも先行するものとされた。

④纒向遺跡（奈良県桜井市草川・巻野内・太田北・太田・東田・箸中・茅原）

1937年頃から弥生・土師器複合遺跡として知られ，当初太田付近に限定して考えられていた[19]が，1971年からの調査により広域にわたることが判明した。奈良盆地東南部の三輪山北麓から西へ拡がる扇状地地形の扇端部に位置する。西南には現初瀬川が北西流する。東西，南北約1.5kmにおよぶ広大な範囲にわたるが，東方山麓から延びる数本の浅い旧河道によっていくつかの微高地に分断されている。付近は弥生時代には母村的な集落が形成されない地域であるが，遺跡南縁の現巻向川付近と北縁の山麓にはそれぞれ全長300m前後の規模をもつ箸墓古墳，渋谷向山古墳を中心とした古墳群があり，遺跡内の西縁には全長90mほどの規模をもついわゆる纒向の古墳群が所在する。

遺跡の形成は扇端部で弥生時代後期終末に始まり，古墳時代中期には扇頂部寄りに中心が移る。遺構は扇端部

に位置する太田地区の幅約5mの矢板列で護岸された大溝2本と土坑群，辻・東田地区の土坑・掘立柱建物群が中心であるが，最近では暗渠などを含む大規模な構築物が調査された。また，纒向矢塚，纒向石塚では墳丘と周濠が検出されたほか，方形周溝墓も調査されている。遺物は多量の土器，鋤などの農具を中心とした木製品をはじめ，銅鐸飾耳なども出土する。土器の時期は土坑の一括資料を基準とし，これに間層として砂層を挟み明確に区分できるとする大溝各層の資料により細分した纒向1〜6式が設定され，同1式を畿内弥生土器第Ⅴ様式直後に，同4〜6式を布留式に位置づけている。

⑤酒津遺跡（岡山県倉敷市酒津・水江）

中国山地を南流した高梁川は総社市付近で平野に流出し，広大な沖積平野を形成するが，遺跡はその一角に位置する。付近には弥生時代中期の小貝塚が点在し，当時は海岸近くのデルタ地帯であった。遺跡は元来水田であった部分で，南北約3kmにもおよぶが，大正年間の河川改修で河道となった。1955年，北に酒津山を仰ぐ中州が水流に洗われて，土器が大量に出土した。弥生時代から奈良時代までの土器・瓦などの遺物が出土する。酒津式土器として紹介された遺物は，1956年に水中の包含層の粘土層の断面に露出した土器を採集したもので，ほぼ完形の土器が密集して存在し，単一の遺構中に存在したものと推定された。土器の特徴から，大阪府小若江北遺跡に先行する位置づけが与えられている。

⑥鍵尾遺跡（島根県安来市沢町）

中海に面した安来平野は島根県第二の平野であるが，その東部は伯太川が丘陵部から平野に流出した位置に沖積平野が拡がる。これを北に望む丘陵上に鍵尾の土壙墓群があり，周囲の丘陵にも弥生時代後期の九重，古墳時代前期後半の小谷などの多くの土壙墓が群している。一方，平野の西部を北流する飯梨川河口部のデルタを望む荒島丘陵上には，四隅突出型墳墓や前期古墳の造山古墳群などが集中的に分布する。1962・63，1970年に調査が行なわれた。尾根を溝で区画したA・B2地区からなり，上部に位置するB地区からは5基の土壙墓が検出されている。A地区は溝・貼石で一辺約14mの方台形の明確な墓域を画し，頂部に17基，裾部に2基の土壙墓が構築されていた。大型の土壙墓は2段に掘り込まれており，入念な造りである。土壙の上面からは多くの供献土器が検出されたが，このうちA地区第5号墓は最も良好に保存されており，鍵尾Ⅱ式土器の標識とされた。

⑦柏田遺跡（福岡県春日市上白水字柏田）

広大な福岡平野を形成する那珂川中流域の低位段丘上に位置し，南方の観音丘陵から那珂川に注ぐ梶原川の右岸に位置する。周囲は低湿な水田面が拡がるが，遺跡は標高20m前後の自然堤防状の微高地に立地する低地性

遺跡である。対岸の山塊には三角縁神獣鏡を出土した発生期古墳の妙法寺古墳や典型的な畿内型の内容をもった安徳大塚古墳などが築かれる県下有数の古墳集中地域で，中期には福岡平野最大の老司古墳が出現する。1973・75年，山陽新幹線車輌基地建設に伴い発掘調査され，縄文時代後・晩期の集落跡のほか，古墳時代前期の住居跡をはじめとする遺構群から良好な土器の一括資料が検出された。このうち，最も先行する8号住居跡からはあきらかに近畿地方の庄内式に対比される甕を多量に含む土器群が検出された。また，7号住居跡からは同じく布留式に対応する内容の土器群が検出され，柏田Ⅰ・Ⅱ・Ⅲ期の三段階の変遷があきらかにされ，弥生時代終末から土師器への具体的変遷が示された。

註

1）末永雅雄・小林行雄・中村春壽「大和に於ける土師器住居址の新例」考古学，9—10，1938

2）坪井清足『岡山県笠岡市高島遺跡調査報告』1956

3）原口正三・田中　琢・田辺昭三・佐原　眞『船橋遺跡の研究（Ⅱ）』1962

4）原口正三「大阪松原市上田町遺跡の調査」大阪府立島上高等学校研究紀要，1969

5）田中　琢「布留式以前」考古学研究，12—2，1965

6）間壁忠彦「倉敷市酒津及新屋敷遺跡の土器」瀬戸内考古学，2，1958

7）山本　清「島根県安来市鍵尾の土壙墓群とその土師器」日本考古学協会第29回総会研究発表要旨，1966

8）鏡山　猛ほか『大分県国東町安国寺弥生式遺跡の調査』1958

9）乙益重隆「中九州地方」『弥生式土器集成』1，1964

10）小田富士雄「有田遺跡の土師器とその性格」『有田遺跡—福岡市有田古代集落遺跡第2次調査報告』1968

11）石野博信・関川尚功『纒向』1976

12）柳瀬昭彦・江見正己・中野雅美「川入・上東」『岡山県埋蔵文化財発掘調査報告』16，1977

13）山陰考古学研究所『福市遺跡の研究』1969

14）青木遺跡発掘調査団『鳥取県米子市青木遺跡発掘調査報告Ⅰ〜Ⅲ』1976〜1978

15）井上裕弘「柏田遺跡の調査」『山陽新幹線関係埋蔵文化財調査報告』4下，1978

16）奈良国立文化財研究所『飛鳥・藤原京発掘調査報告』Ⅱ，1978

17）寺沢　薫「畿内古式土師器の編年と二，三の問題」『矢部遺跡』1986

18）置田雅昭「大和における古式土師器の実態」古代文化，26—2，1974

19）島本　一「磯城郡太田遺跡覚書」大和志，5—5，1938

参 考 文 献—古墳時代の土器—————————— ■ 冨加見泰彦
(財)大阪府埋蔵文化財協会

○土 師 器
総 説
三宅米吉「上古の焼物の名称」『考古学雑誌』第1巻第
9・12号，1899年

小林行雄「小型丸底土器考」『考古学』第6巻第1号，
1935年

藤沢一夫「土師器とその性格」『世界陶磁全集』1，1958
年

坪井清足「弥生式土器と土師器」『同上』

横山浩一「手工業生産の発展—土師器と須恵器」『世界
考古学大系』3，1959年

伊達宗泰・森 浩一「土器」『日本の考古学』Ⅴ，1966
年

杉原荘介・大塚初重「土師式土器集成」Ⅰ〜Ⅳ，1971年

田辺昭三・田中 琢「弥生・土師器」『日本陶磁全集』
2，1978年

岩崎卓也「東日本の土師器」『世界陶磁全集』2—日本古
代，1979年

西 弘海「西日本の土師器」『同上』

東北・関東
杉原荘介『原史学序論』1946年

倉田芳郎「南関東における住居址出土の土師器」『考古
学雑誌』第50巻第3号，1965年

尾崎喜左雄『石田川 石田川遺跡調査報告』1968年

シンポジウム「五領式土器について」『台地研究』19，
1971年

氏家和典「南奥羽地域における古式土師器をめぐって」
『北奥古代文化』第4号，1972年

杉原荘介「弥生式土器と土師式土器の境界」『駿台史学』
第34号，1974年

中部・東海・北陸
平出遺跡調査会『平出』長野県文化財保護協会，1955年

吉岡康暢「北陸における土師器の編年」『考古学ジャー
ナル』6，1967年

大参義一「弥生式土器から土師器へ」『名古屋大学文学
部研究論集』第47号，1968年

岩崎卓也「土師器の研究」『郷土史研究と考古学』郷土
史研究講座1，1970年

石川考古学研究会『シンポジウム月影式土器について』
報告編・資料編，1986年

近 畿
末永雅雄・小林行雄・中村春寿「大和に於ける土師器住
居址の新例」『考古学』第9巻第10号，1938年

末永雅雄・小林行雄・藤岡謙二郎『大和唐古弥生式遺跡
の研究』1943年

原口正三・田中 琢・田辺昭三・佐原 眞『船橋』Ⅱ，
1962年

田中 琢「布留式以前」『考古学研究』第12巻第2号，
1964年

原口正三「大阪府松原市上田町遺跡の調査」『大阪府立
島上高校研究紀要』3，1968年

安達厚三・木下正史「飛鳥地方出土の古式土師器」『考
古学雑誌』第60巻第2号，1974年

置田雅昭「大和における古式土師器の実態」『古代文化』
第26巻第2号，1974年

石野博信・関川尚功『纒向』奈良県立橿原考古学研究
所，1976年

井上和人「布留式土器の再検討」『文化財論叢』奈良国
立文化財研究所，1982年

小山田宏一「布留式土器に関する覚書」『考古学と古代
史』1982年

柳本照男「布留式土器に関する一試考—西摂平野東部の
資料を中心にして—」『ヒストリア』第101号，1983
年

樋口吉文『四ツ池遺跡』堺市教育委員会，1984年

寺沢 薫「畿内古式土師器の編年と二・三の問題」『矢
部遺跡』1986年

中国・四国・九州
坪井清足「王泊遺跡の遺物」『岡山県笠岡市高島遺跡調
査報告』1956年

間壁忠彦「倉敷市酒津及新屋敷出土の土器」『瀬戸内考
古学』第2号，1958年

鎌木義昌「岡山県倉敷市酒津遺跡の土器」『弥生式土器
集成』1，1958年

山本 清「山陰の土師器」『山陰文化研究紀要』第6号，
1965年

出宮徳尚・根本 修『幡多廃寺発掘調査報告書』岡山市
教育委員会，1975年

前島己基・松本岩雄「島根県神原神社古墳出土の土器」
『考古学雑誌』第62巻第3号，1976年

柳瀬昭彦・江見正己・中野雅美『川入上東』1977年

青木遺跡発掘調査団「土器編年論」「土器論」『青木遺跡
発掘調査報告書』Ⅱ・Ⅲ，1977・1978年

藤田憲司「山陰『鍵尾式』の再検討とその併行関係」『考
古学雑誌』第64巻第4号，1979年

高松市歴史民俗協会「鶴尾神社4号墳をめぐる問題」
『鶴尾神社4号墳調査報告書』1983年

第18回埋蔵文化財研究会『弥生・古墳時代初頭のいわ
ゆる山陰系土器について』1985年

小田富士雄ほか『有田遺跡』1968年

狐塚遺跡調査団『狐塚遺跡』1970年

武末純一「福岡県早良平野の古式土師器」『古文化談叢』
第5集，1978年

井上裕弘「弥生終末〜古墳前期の土器群について」『山

83

陽新幹線埋蔵文化財調査報告』第7集，1978年
柳田康雄「三・四世紀の土器と鏡一『伊都』の土器から
　みた北九州」『森貞次郎博士古稀記念古文化論集』下，
　1982年
石橋新次「中九州における古式土師器」『古文化談叢』
　第12集，1983年

○須　恵　器
総　　説
樋口隆康「対馬の歴史遺跡㈡祝部土器の編年」『対馬』
　東方考古学叢刊乙種第6冊，1953年
森　浩一「問題の回顧と展望①須恵器」『古代学研究』
　第11号，1955年
横山浩一「手工業生産の発展一土師器と須恵器」『世界
　考古学大系』3，1955年
小林行雄・原口正三「古器名考証」『世界陶磁全集』1，
　1958年
倉田芳郎「須恵器」『新版考古学講座』第5巻一原史文
　化下，1960年
森　浩一・石部正志「後期古墳の討論を回顧して」『古
　代学研究』30，1962年
北野耕平「初期須恵質土器の系譜一紀伊六十谷出土の土
　器とその年代一」『神戸商船大学紀要第1類文化論集』
　第17号，1969年
原口正三「須恵器の源流をたずねて」『古代史発掘』6，
　1976年
楢崎彰一編『世界陶磁全集』2一日本古代，小学館，
　1979年
中村　浩『須恵器』ニュー・サイエンス社，1980年
八賀　晋『須恵器』日本の美術170，至文堂，1980年
楢崎彰一監修『日本陶磁の源流一須恵器の謎を探る一』
　柏書房，1981年
田辺昭三『須恵器大成』角川書店，1981年
技法・分析
小林行雄『続古代の技術』塙書房，1964年
田中　琢「須恵器製作技術の再検討」『考古学研究』第
　11巻第2号，1964年
伊藤博幸「轆轤技術に関する二・三の問題」『考古学研
　究』第17巻第3号，1970年
阿部義平「ロクロ技術の復元」『考古学研究』第18巻第
　2号，1971年
横山浩一「須恵器にみえる車輪文叩き目の起源」『九州
　文化史研究所紀要』第26号，1981年
沢田正昭「古代手工業製品の生産地決定一考古学研究と
　古器の分析」『考古学と自然科学』第5号，1972年
三辻利一「胎土分析による古代土器の産地推定」『古文
　化談叢』第7集，1980年
東北・関東
阿部義平「東国の土師器と須恵器」『帝塚山考古学』1，
　1968年
神沢勇一「神奈川県下の須恵器」『神奈川県考古資料集

成』4一須恵器，1972年
鈴木敏宏「北武蔵須恵器概観」『北武蔵考古学資料図鑑』
　1976年
渡辺泰伸「東北古墳時代須恵器の様相と編年一須恵器編
　年試論一」『考古学雑誌』第65巻第4号，1980年
北武蔵古代文化研究会・群馬県考古学研究所・千曲川水
　系古代文化研究所『第8回三県シンポジウム東国にお
　ける古式須恵器をめぐる諸問題第Ⅰ・第Ⅱ分冊』1987
　年
東海・中部・北陸
楢崎彰一「後期古墳時代の諸段階Ⅱ．東海地方における
　須恵器の編年」『名古屋大学文学部10周年記念論集』
　1959年
笹沢　浩・原田勝美「長野県下出土の須恵器」上・下
　『信濃』第26巻第9・11号，1974年
近　　畿
原口正三「船橋遺跡の遺物の研究Ⅰ」『船橋』Ⅰ，1958年
森　浩一「和泉河内窯の須恵器編年」『世界陶磁全集』
　1，1958年
田辺昭三『陶邑古窯址群Ⅰ』平安学園研究論集，第10号，
　1966年
薗田香融・網干善教『和歌山市における古墳文化』関西
　大学文学部考古学研究室紀要4，1972年
大阪府教育委員会『陶邑』Ⅰ～Ⅴ，1976～78・1982年
中村　浩『和泉陶邑窯の研究一須恵器生産の基礎的考
　察一』柏書房，1981年
中村　浩「近畿の初期須恵器」『古文化談叢』第15集，
　1985年
中国・四国・九州
西川　宏・今井　尭「吉備地方須恵器編年集成」『古代
　吉備』第2集，1958年
西川　宏「備前における須恵器の編年的研究」『岡山県
　私学紀要』Ⅱ，1966年
渡辺明夫「香川県における須恵器編年」(1)『香川史学』
　6，1977年
新谷武夫「安芸備後の古式須恵器」『古文化談叢』第5
　集，1978年
松本敏三「香川県出土の古式須恵器」『瀬戸内海歴史民
　俗資料館年報』第5・6号，1980・1981年
小田富士雄「九州の須恵器序説」『九州考古学』第22
　号，1964年
小田富士雄ほか『八女古窯跡群調査報告』Ⅰ～Ⅳ，八女
　市教育委員会，1969～1972年
小田富士雄編『天観寺山窯跡群』北九州市埋蔵文化財調
　査会，1977年
甘木市教育委員会『池の上墳墓群』『甘木市文化財調査
　報告』第5集，1979年
福尾正彦「宮崎県内出土の須恵器一地下式横穴・高塚古
　墳出土例を中心として」『古文化談叢』第6集，1979年
宇野慎敏「北九州市内出土の古式須恵器」『古文化談叢』
　第16集，1986年

四条古墳全景（上が東）

木製祭具を大量に出土した
奈良県四条古墳

構　成／西藤清秀
写真提供／橿原考古学研究所

橿原市四条町九ノ坪で，藤原京の四条大路延長線としての大路の設置のために削平されたと考えられる四条古墳が発見された。この古墳は一辺約28〜29ｍの方墳で，西辺に最大幅約14ｍの造り出しを設けている。この内濠からおびただしい量の木製品や埴輪，土器が出土した。主なものは笠形，杭形，盾形，鳥形，翳形，櫂形など完形品だけでも150点を越えた。古墳時代の葬送儀礼を考えるうえで大きな意義をもつ遺跡といえよう。

濠東南隅部の木製品
出土状況

奈良県四条古墳

にわとり形埴輪出土状況

盾形木製品出土状況

石見型（盾）形木製品出土状況

小型鳥形木製品出土状況

大型鳥形木製品出土状況（左側が頭部）

翳形，笠形，杭形木製品出土状況

人物埴輪と笠形木製品出土状況

検出された建築材

古墳時代の都市型の遺跡
奈良県纒向遺跡

構　成／萩原儀征
写真提供／桜井市教育委員会

桜井市纒向遺跡は古墳時代前期に多くの集落によって形成された遺跡群であり，都市型の遺跡として位置づけされている。昭和62年度の調査で導水施設と倒壊した建物が発見された。導水施設は水槽・木樋・素掘り溝などから構成され，飲用水などを含めた浄水道的な施設と考えられる。また一括投棄されたと考えられる壁・棟木・柱材などの一部も出土した。

スノコ状に編んだ壁材と棟木など
（棟木には切り込みがみられる）

奈良県纒向遺跡

北の集水槽および木樋と水汲場

導水施設とその施設に囲まれた建物跡

●最近の発掘から

大量の木製品を伴う方墳──奈良県四条古墳

西藤清秀　橿原考古学研究所

　四条古墳は，奈良盆地の南，橿原市四条町九ノ坪に位置している。この古墳は，奈良県立医科大学の運動場建設の事前調査が発見の契機となった。調査は，1987年6月から88年3月まで約8ヵ月間，約6,000m²にわたって実施し，多量の木製品が出土した四条古墳，藤原京関連の遺構をはじめとして，弥生時代から中世に至る多数の遺構を検出している。

1　墳丘と周濠

　四条古墳は，藤原京関連の造成工事に際して，京の条坊の中でも重要な役割を占める四条大路延長線としての大路の設置のために削平されたと考えられる。現状では墳丘・周堤には盛土は，全く残っていない。したがって，古墳の埋葬施設については全く不明である。この古墳は一辺約28〜29mの方墳で，西辺に長さ約9m，最大幅約14mの造り出しが設けられている。造り出し部は，一見すると前方後方墳の前方部状を呈するが，濠内の土砂の堆積や埴輪，土器の出土傾向などから造り出しとするのが妥当のように思われる。

　墳丘の周囲には，長方形に二重の濠が巡っている。内濠は幅約6mで，長辺（東西）約48m，短辺（南北）約40m，幅は約6mである。濠の深さは，南東が高く北西が低い。このような傾斜を利用して，最も深くなる北西隅近くの周堤に溝を切っている。この溝は，古墳の築造工事の際に涌水を古墳外に排水する施設として設けられ，古墳完成時に埋められたことが溝内の土壌堆積から伺うことができる。また各辺の濠内には陸橋が存在するが，涌水を排水するための溝が掘られ，築造後埋められている。内濠と外濠の間には，幅約5mの堤が設けられ，外濠は，幅約2〜3mと内濠に比べて非常に浅く，濠というより区画溝とみられる。この外濠の長辺の長さを復元すると約64m余りとなる。

　内濠からは，常識では測りしれない夥しい量の木製品が出土した。この内濠は，大きく3層から成る。上層は，藤原京関連の整地土で一気の作業による堆積である。中層は，長い歳月を経て形成された植物堆積層で，常に湿潤な状況であったと思われ，今回出土の大部分の木製品が含まれている。その他この層からは，形象埴輪，円筒埴輪，須恵器，土師器が出土している。これらの土器は5世紀末頃に比定できる。下層の砂質土は比較

的短期間に堆積し，細い加工材，須恵器，埴輪などを含んでおり，須恵器などは，5世紀後半頃のものと思われる。これらの内濠に堆積した土壌の様相から，この濠には自然的な滞水はあっても原則的には空濠の状況であったことが伺える。また，濠内には落ち込んだと思われる石はほとんどなく，この古墳には葺石はなかったと考えられる。

2　遺物の種類と出土位置

　遺物は，ほとんど濠内の有機質土に含まれていた。主な遺物は，木製品，埴輪，土器である。木製品は，多種多様にわたり，その大部分が濠東辺と南辺に集中していた。木製品は，笠形46，杭形30，石見型（盾）形26，盾形2，鳥形3，翳形2，櫂形（翳状）3，飾り板付き棒形（翳状）3，ほぞ付き材5，他に杖（竿）形，琴形？，机形，杵形，弓形，鉾形，剣形，鋤柄形，つちのこ形，槽形，耳杯形，簾形などで，他に多量の不明品がある。

　以上出土した木製品のうち笠形に伴う杭形，石見型（盾）形，盾形は，それらの基部に突出部を造り出したり，先端部をとがらせており，それらを立て並べていた可能性がある。それに反して，実際の物を木に模した翳形，櫂形，弓形，杖形，机形などや容器である槽形，耳杯形木製品は，全体的に顕著な腐食は見られず，地面に立てたり，地表に置かれたりしたとは考えにくい。もう一つ特徴的な木製品は，ほぞをもつ材で，長さ，太さにはばらつきがあるが構造物になる材と考えられる。

　木製品の出土状況も特徴的であり，笠形＆杭形，石見型（盾）形木製品は，大部分が濠東辺と南辺に集中するものの，北辺および西辺にもわずかではあるが存在し，当初のそれらの樹立が一部分ではないことを物語る。器財を実大で模した翳などの木製品は，東辺中央から東南隅部に集中する。またほぞ付きの材も同様の傾向を示す。容器は，造り出し北の濠西北隅部だけから出土している。他には，南辺の陸橋部の大型鳥形と多数の杭形＆笠形および多量の須恵器，埴輪の出土状況も特徴的である。出土した木製品のうち赤色顔料などを塗布したものはない。

　埴輪もまた木製品同様，多量に出土し，その種類は，人物形12，家形2，靫形2，鹿形4，馬形2，猪形，鶏形，盾形，蓋形（多数），朝顔形，円筒埴輪がある。その

89

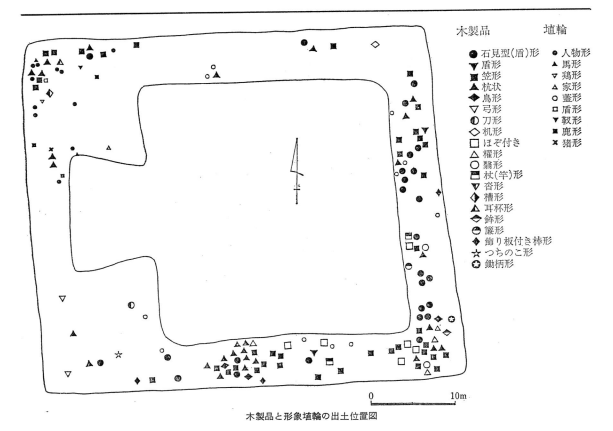

木製品と形象埴輪の出土位置図

うち蓋形以外の形象埴輪は，濠北西部に集中し，とくに周堤東側斜面，造り出し北側斜面に認められる。堤東斜面には，人物形，馬形，鳥形，盾形，靫形などがあり，造り出し北斜面では，人物形，家形，鹿形，馬形などが存在し，前者が周堤上に，後者が造り出し上に形象埴輪を配置していたことを伺わせる。蓋形埴輪は，出土位置から墳丘の全域に配置されていたと思われる。朝顔形，円筒埴輪は，周堤を含めた全域で認められ，かなりの出土量に達する。

多数出土した人物埴輪の中に非常に珍しい補修痕のあるものが1点存在する。それは，帽子を被った男子像の頭部で，破損した頸部の割れくちに接着剤の痕跡が認められ，頸部表面にも接着後の補強用に用いた紐の痕跡が生々しく残っている。

四条古墳出土の遺物の中で土器の量は多くない。その中で土師器の小型壺は約10点ほどあり，赤色顔料を塗布されているものもある。これらは，濠北，南，西辺部で検出した。須恵器は，造り出し北側と南辺陸橋部付近で出土している。造り出し部では，器台，甑，坏など，陸橋部では台付壺，甕などを検出している。

3 まとめ

このように四条古墳は，5世紀後半から末頃に築造された造り出し付き方墳で，墳丘の周囲には長方形の二重の周濠が巡らされた中規模な古墳である。しかし，この古墳から出土した木製品は，古墳時代の葬送儀礼の概念を一新させる資料と思われる。従来の古墳での儀礼行為が，埴輪と土器が中心的な役割を果たしていたと考えがちであったが，木製品がかなりの重要性を占めていたことが伺える。これらの木と土という素材の相違は，儀礼の中で大きな意味を持ったかもしれない。出土した木製品は，容器以外は仮器であり，このことが古墳葬祭の意味に重要性を加味すると思われる。これら古墳出土の木製品を発掘中「木製葬具」と呼んだが，集落遺跡での刀形，剣形など仮器としての同様の木製品の出土を考え合わせると木製祭具もしくは祭祀具と呼ぶべきであるかもしれない。

さまざまな問題を提起する今回出土の木製品は，4つに大別することができる。第1は，立てられた痕跡がある盾形，石見型，笠形，鳥形などの樹物，第2は，実物を模した翳形，刀形，弓形などの器材類，第3は供献物を盛った容器，第4は，簡易な建築もしくは棚状の構造物を組む部材である。しかし，これらの木製品の立てられていた，もしくは納められていた正確な位置は，遺構としては検出し得なかった。それゆえ，この古墳での木製品の配置，順序，廃棄行為をも含めた木製品による儀礼行為，埴輪の配置，順序などの復元に関しては遺物の整理作業を通して検討していかなければならない。

●最近の発掘から

導水施設を伴う古墳前期の集落跡——奈良県纒向遺跡

萩原儀征　桜井市教育委員会

1　纒向遺跡の導水施設

大和盆地の南東に位置する桜井市の北部，古代から神体山として信仰されていたと伝える三輪山の北麓に添って流れ出る巻向川が扇状地を形成し大和川に合流する間に，纒向の遺跡群が展開している。この一帯は万葉集に詠われて，大和三山を南に一望し，西に二上山を眺める眺望の好い地域である。また東に接する三輪山を始め山山には，狩りをするに最適な小さな谷があり，扇状地域によって水が容易に得られ，古代の人々が生活するのに適した地域である。

纒向遺跡は，昭和12年4月にその存在が知られ，昭和46年に学校用地に伴う事前調査でその重要性が世に知らされた。現在までの調査で古墳時代前期に，多くの集落によって形成された遺跡群であることがわかってきた。このことから纒向遺跡は，都市型の遺跡として位置づけされている。

昭和62年の調査では，導水施設と，倒壊した建物を検出した。導水施設は，巻野内地区における工場建設に伴う事前調査で検出したもので，倒壊した建物は，農業用水路の事前調査によるものである。

導水施設は，水槽・木樋・素掘り溝などから構成されている。出土した所は，桜井市と天理市の市境，纒向遺跡群の北辺にあたり，景行天皇陵が造営されている低い丘陵と珠城山古墳群に挟まれた浅い谷地である。この近くには，垂仁天皇の纒向珠城宮や景行天皇の纒向日代宮の伝承地があり，東に，兵主神社が約1kmのところにある。

導水施設は，纒向四式期に纒向三式期の遺構を埋めて整地し，整地後に設営したもので，集水桝，槽を転用した集水槽，それらを接続した木樋などで構成されている。集水槽は，北・東・南から木樋で集水し西へ流出する。南に接続する木樋は，南の集水桝に接続している。集水槽に接続する部分は，梯子を転用したもので蓋をして暗渠とし，西に接続する木樋は，集水槽に接する部分約60cmをあけて幅約70cmの転用材の板でふたをしている。開渠部分の両側には，河原石を足場状に敷き詰めている。南の取水桝は，東より取水し，北・西へ配水する。桝の内には，河原石が詰められていたので，沈殿槽的な役目を果たしていたのであろう。

北の集水槽は，排水口が底部より高い位置に付けられているので，槽の部分が沈殿槽として働き，排水口から浄化した水が流出していたと思われる。排水口の西に接続している樋の両脇に敷かれた河原石の石敷は，排水口から流出してきた水を汲む，水汲みの足場であろう。導水施設の用材の多くは，転用材が用いられ，その目的のために作られたものは少ない。

そして，導水施設に囲まれた部分には，1間四方の掘立柱建物を検出した。この建物は，導水施設と同じ整地面上で検出しているので，ほぼ同じ時期に建てられたと考えられる。

導水施設の東，地形的には少し高い位置に同じ時期の2間四方の総柱建物を検出した。これらのことから，次のようなことが考えられる。

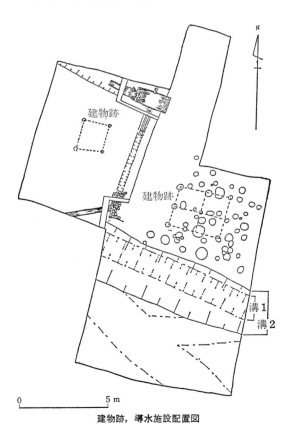

建物跡，導水施設配置図

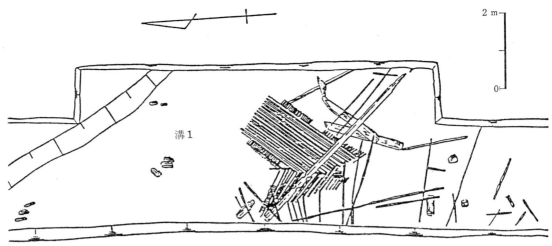

加工木出土状況図

1. 建物群の内に，導水施設が設営されている。
2. 導水施設の用材の多くは，転用材である。
3. 取水桝・集水槽で水を浄化している。
4. 取水桝・集水槽の西に河原石を敷いた足場を設定している。
5. 導水施設および掘建柱建物の造営時期は，纒向Ⅲ式期から纒向Ⅳ式期にかけてである。

以上のことから，導水施設は，実用的なものであるが，農業用水路であれば，水を浄化する必要はなく，素掘りの溝でその目的を果たせる。水を浄化しているのは，飲用水などをふくめた浄水道的な施設が考えられる。

施設が造営された，纒向Ⅲ式期から纒向Ⅳ式期の時期は，纒向遺跡の人口が急増したことを裏づけるように，遺跡の範囲が飛躍的に広がった時期である。またこの時期には，この地域周辺の調査を待たなければならないが，他の地点から井戸を数箇所において検出していることから，導水施設を設置したことは，多人数の人たちの利用が考えられ，この地域に人々が集中していたのであろう。この地域に人々の集中を考えた造営を見ると，今言われている都市型集落群の人々が集中していた場所であったのであろうか。

2 投棄された建物

纒向古墳群の石塚古墳の南約400mの地点の南飛塚地区において，農業用水路工事に伴う事前調査で纒向Ⅳ式期の溝よりスノコ状に編んだ壁材と，断面三角形の棟木などの建築部材を検出した。出土状態は，建造物のすべての建築部材ではなく，壁・棟木・柱材など一部であり，この近辺に建てられた建造物がなんらかの理由で一括投棄されたものと考えられる状態である。

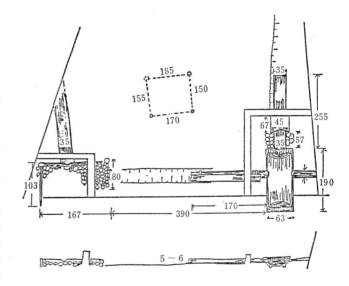

導水施設模式図

壁材は，径約2〜3cmに割られた檜の割材を板状に並べて，ツル状の植物でスノコ状に編んだ板を，ほぼ直交させて重ね，壁として使用したもので，壁材の形から，妻の部分が考えられる。建物は壁材・棟木から，妻入り・切妻造りの建物が考えられる。

建物の性格はわからないが，壁材の割木や棟木の製材技術は，丁寧なものが感じられ，高度の技術が使用されたのであろう。（図はいずれも『纒向遺跡巻之内地区発掘調査現地説明会資料』による）

連載講座
日本旧石器時代史
9. 後期旧石器時代のくらし(2)

文化庁文化財調査官
岡村 道雄

● 遺跡の構成要素と広がり ●

　旧石器時代の遺跡は，通常石器と礫，炭粒（炭化物）あるいは住居跡・炉跡（焚火跡）・墓・土坑などの存在によってその広がりが把握できる。そしてそれらは遺跡での人間の行動を反映して，遺跡内でも集中する地点と散漫な所とがある。礫の集合については焼礫からなる礫群と焼けていない「非焼け礫群・礫ブロック」あるいはより大型礫で少数からなる配石とに分類される。なお石器・礫・炭粒は複合して分布することも多く，総合的に遺物集中地点と呼ぶ場合もある。

　千葉県和良比遺跡では，一台地の全体である約25万 m^2 を対象として 1981 年より発掘を継続している。その結果，旧石器時代の武蔵野Ⅲ下～Ⅳ上層相当の遺物集中地点が 50 ヵ所ほど台地の北西縁辺部を中心に南東縁辺部まで約 400×500m の馬蹄形に広がっていた[1]。また東京都鈴木遺跡では，1974 年から 1980 年まで 14,000m^2 が発掘され，石神井川源流の谷頭を挟んで少なくとも東西 220m，南北 334m 以上の広がりが確認されている。そして東西 400m で南北 600m，約 11 万 m^2 の範囲をもち，遺物集中地点は 100 ヵ所を越えると推定されている。出土遺物は総数 112,500 点（石器・剥片類 36,873 点，礫 75,627 点）である[2]。さらに神奈川県栗原中丸遺跡の第Ⅴ文化層では，目久尻川の崖線上端より 20～40m 奥まった台地の西側に幅 20～40m で，長さ約 170m，面積約 12,000m^2 にわたり，約 70m の等高線に沿って弧状に 65 ヵ所の遺物集中地点が分布している[3]。このほか静岡県広野北遺跡では，約 50m 幅の尾根の全面に 20 ヵ所ほどの遺物集中地点が分布し，南北 200m，東西 80m の範囲をもっている[4]。

　東京都中洲北遺跡では 6,000m^2 が発掘調査され，周辺に泥炭層（湿地）をもつ微高地の北斜面の 40×50m の範囲に武蔵野台地Ⅳ層の石器集中地点 10 ヵ所，礫群 54 ヵ所，配石 4 ヵ所，炭粒集中地点 11 ヵ所が分布していた[5]。これらは広大な面積を全面発掘して遺跡の広がりがほぼ明らかになった数少ない例である。

　一方，遺物集中地点が 3 ヵ所前後の見かけ上は小規模な遺跡もあり，遺跡は連続的にさまざまな広さを示すようである。そして 3 ヵ所前後の遺物集中地点相互に石器や礫の接合が起こる場合が多い。したがって，これを遺物集中地点群という一単位で捉え，遺跡は断続する居住の結果としてそれらが重複・集積したと考えるのが一般的である。

　なお，近年約 3 万年前に近い武蔵野台地Ⅸ層相当期を中心に関東地方で，環状に分布する遺物集中地点群が相いで発見されている。茨城県鹿野場（かのば）遺跡，千葉県の中山新田Ⅰ遺跡 No.9 地点・聖人塚（つちももちだい）遺跡第17ブロック・土持台遺跡Aブロック・池花南遺跡・御山（おやま）遺跡，群馬県の和田遺跡・分郷八崎（はっさき）遺跡・下触牛伏（しもふれうしぶせ）遺跡・後田遺跡，東京都の下里本邑（ざとほんむら）遺跡[6]や高井戸東遺跡などである。これらは径 15～50m の環状となり，周縁に 5～20 ヵ所ほどの遺物集中地点がめぐり，中央に 1 ヵ所遺物が散漫に分布したり，炭粒が分布するケースが多い。また遺物集中地点相互に石器の接合が生じ，その規則的配列からみてもそれらは同時存在であった可能性が高い。特徴的な分布状況であり，今後の詳細な分析と解釈によって単位集団のあり方と遺跡の最小単位とその性格が解明される可能性がある。

● 石器集中地点の性格 ●

　旧石器時代人は原始的で放浪性があり，短期間の野営を繰り返していたという先入観がある。これは単純な進化論的歴史観が支配的であり，住居・墓などの遺構がほとんど発見されていないこと，固定的で重量のある道具がほとんどないこと，そして最も説得性のある根拠としては一原石から製作あるいは生じた石器・石屑などのすべてが遺跡内から発見されず，原石を使い切らないうちに遺跡を離れていると考えられているからである。したがって当時の人びとは短い居住の痕跡，つまり石器・骨角器・木器などの製作跡，動植物の解体・調理の跡などはそのまま放置・置き去りにして遺跡を離れたと考えられている。そこで，多くの活動が集約されている住居や前述のような各種の作業場は，遺物集中地点の内容を分析し，その性格を解明すれば特定できるとされ，具体的に居住・調理・作業の場を推定し，「集落景観」を復元している場合もある。

　東京都多聞寺前遺跡では，石器集中地点から多量な砕片が出土し，そこは浅鉢状窪地となり，器種によって出土する場所が偏ると説明して，そこが石器製作や居住の空間であり，むしろ礫群に伴う少量の石器群が廃棄されたものと推定した[7]。また，石器製作実験によって石器類飛散状況のモデルを作り，石器集中出土地点の解釈を進めようとする研究がある。実験によれば製作者の手元を中心に 10～3 mm の砕片（チップ）が 1m 内外に飛散し，3 mm 以下のパウダーと呼ぶきわめて微細な砕片が手元に落下する。そこで石器集中地点の土壌を水洗し，それらをフルイ選別することによって石器製作場を特定しようとしている[8]。確かに石器原石産地周辺に立地する石器製作址的色彩の濃い遺跡では，1 個の母岩からなる石核と多量な剝片・砕片が径 1m ほどの円形に密集し，相互に接合が頻繁に生ずる場合がみられ，石器製作の結果が遺棄されたものであろう。ただし，縄文時代の廃棄場である貝塚でも砕片は多量に出土し，宮城県里浜貝塚では 10 mm 以上の剝片と 10～4 mm の砕片，4～2 mm の砕片の出土割合は各層平均してそれぞれ 13%，12%，75% となる。つまり，きわめて微細な石片まで集められて廃棄されていることがわかる[9]。したがって，それらが検出されたからといって直ちに石器製作場であると断定もできない。

　ところで縄文時代では貝塚をはじめ遺物包含層と呼ばれるもの，あるいは竪穴住居や各種土坑などの埋土に含まれる多量な遺物は通常廃棄されたものと考えられている。逆に墓，住居床面，各種作業場，貯蔵穴，祭祀場などにそのまま埋納・安置・貯蔵・放置されている遺棄の状態のものもある。旧石器時代の遺物集中地点の形成過程も同様に，廃棄と遺棄あるいは両者の複合が考えられ，その分析は遺跡の構造を明らかにするうえで重要である。ここでは廃棄と遺棄の特徴[10]についての再論はさけるが，旧石器時代の遺物集中地点の多くは廃棄の結果と考えている。ただし廃棄されたものだとしても，それは特定の人びとが一定時間内におこなった行為の集積であり，それを単位としてその内容を分析し総合することはその遺跡の実態を解明するためにきわめて有効である。要は遺物集中地点の分析結果をもって，直ちにある生活の一面をその場所に結びつけて考え，遺跡の場の成り立ちを安易に構成しなければよいのである。

● 住 居 跡 ●

　これまで住居跡あるいはその疑いがあるものは，全国で 28 例ほど発見されている（表 4）。それらは床と壁が区別できる竪穴住居と呼べるも

図 25　大阪府はさみ山遺跡の住居跡

表 4　旧石器時代から有舌尖頭器盛行期までの住居跡

遺跡名	平面形	大きさ(m)	深さ(cm)	断面形	柱穴	炉の位置と形	遺物のあり方	時期	註
北海道中本①	楕円	2×3	約10	皿状	なし	中央部、楕円形 30×40cm地床炉	少数 集中の範囲だが中心からはずれる	有舌期	10)
〃②	隅丸方形	2.4×3.4	約10	〃	〃	なし		〃	
北海道上口A	卵形	1.7×1.9	7	〃	〃	西側、円形約40cm、深さ10cm	不明	〃	
宮城県座散乱木①	半円形	2×<1		平坦	──	4柱穴列	中央に浅い皿状土坑?	数点	〃	切り合う 11)
〃②	不整形	2.2×1.5?		〃	──	6柱穴	やや大型長楕円形土坑?		〃	
山形県新堤	半円形?	?	約10			3以上	?	不明	ナイフ文化V期	10)
山形県越中山A'	半円形?	径約4				5柱穴列	土坑に焼土、周辺に炭粒	散漫、利器多	〃	12)
千葉県池花南	円に近い隅丸方形	?	?	竪穴	なし	内部~周辺炭粒多量	?	〃	橋本氏教示 13)
千葉県ナキノ台	円	2×1.8	45	〃	壁沿9、内側2	?	散漫、5m北東に集中	〃	
東京都前田耕地①	不整円形	径3.3		平坦	なし	なし		有舌期?	外周弧状に8個の大礫 14)
〃		4.2×3.1	10前後	皿状	なし	北寄180×40cm地床炉	多量の尖頭器と骨片		
神奈川県上和田城山	楕円形	4×3.2	10		周辺と内側25ほど	中央底に2か所焼面	なし	細石刃文化	15)
長野県駒形	円形	3.6×3.8	20		なし	中央、石組炉	炉を中心に8個	有舌期?	10)
大阪府南花田①	不整円形	径3.5	10		中央と周囲など7	北西隅に炭粒集中土坑	散漫、周辺は多	ナイフ文化IV~V期	
〃②	不整楕円形	3.5×3.0	?		周囲3、内側3	?	〃		16)
〃		5.0×3.5	30		なし	?	〃		
大阪府はさみ山	楕円形	復元6.0×5.0	30		7以上、内傾	なし	内部に多い		17)
広島県西ガガラ6軒	楕円形	4×3.5前後		平坦	──	9~12	付近に7か所炭粒集中	散漫、周辺1か所集中	ナイフ文化III期	18)6軒以上
福岡県椎木山	隅丸長方形	6.5×3.5	20	竪穴	長軸に直交4 1?	北西隅、地床炉	僅少 ①②間に散漫	ナイフ文化V期?	19)
〃②	長い五角形	4×2.6	25~35			北壁の外北4mに焼土土坑			
熊本県下城	方形?	一辺2.6		平坦	周辺15、中央1	外側、30cm径の石組、木炭片	集中に隣接するが重ならない	ナイフ文化IV期	
鹿児島県上場①	円形	直径3.5	70	鉢状	周辺、内部	なし	少数	ナイフ~	10)
〃②	楕円形	3.7×7.3	65	皿状	なし	西側に焼土分布3か所	〃	細石刃文化	

の，浅い皿状の窪みをもつもの，平坦地に柱穴が円形・方形などに配列されているものに分類できる。いずれも最大長 2～6m ほどの大きさをもち，焼土をもつ土坑や焼面を内部にもつものと住居外の周辺にもつものとがある。柱穴をもつものも半数近くあるが，その配列・傾きは不規則な場合が多く，太さは径 15cm 前後で，深さは 10～20cm である。遺物ははさみ山遺跡（図 25）の例を除いて住居跡の範囲には散漫に分布するが，隣接地に集中地点をもつ場合が多い。これらが確実住居跡であるかどうかについては議論の余地も多い。しかし，いずれにせよ，短時間の回帰的な移動生活を送ったと推定されている後期旧石器時代の生活復元にとって，どの程度の住居が営まれていたかについては，当時の居住形態や生業を考える上できわめて重要である。しかし，それらが人間の築いた遺構であること，あるいは所属時期などについて反論を予想した上で十分な説得力をもつ記載がなされているものが少ないのは惜まれる。つまり，当時の生活面の復元，住居の掘り込み面，住居や柱穴の埋まり方，住居と遺物の帰属などについて，慎重な検討が必要であろう。

　近年は，先入観をもたない調査員が，広範な遺跡範囲から遺物集中地点の位置とは必ずしも関係なく，他の時代と同じように遺構を検出している。また，廃棄された遺物の集中地点や礫群の存在が示すように，遺跡内が清掃・整理されていることも多く，川沿いの一定地域内に居住していること，あるいは近隣のソ連で多くの住居跡が発見されている20)ことなどから考えて，住居の存在を予想した調査法がとられるべきであろう。

炉・炭化物・礫群

旧石器時代人にとって火を管理し，暖房・照明・調理・木器などの道具作りに使用することは大変重要なことであったろう。火の使用の痕跡としては，炉跡・礫群・炭化物集中・焼けた石器などが挙げられる。炉には石組炉（石囲炉），皿状に窪んだ土坑に焼土や炭化物が認められるもの，あるいは兵庫県板井遺跡21)や宮城県富沢遺跡の泥炭

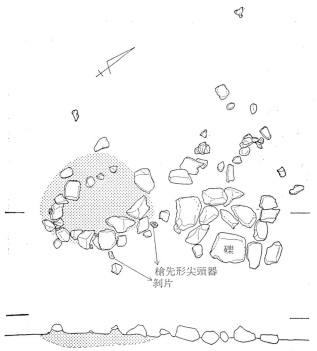

図 26 神奈川県サザランケ遺跡の石組炉[24]

層上面で発見された数 cm にもなる炭化木片が集中した所や北海道美利河遺跡の同様な遺構[22]，さらに一定範囲に広がった焼面などが比定されよう。

1. 炉 跡

石組炉はナイフ形石器文化のⅤ期（最終末）に位置づけられる青森県大平山元遺跡，静岡県下長窪上野遺跡，長崎県日ノ岳遺跡，細石刃文化期の静岡県休場遺跡，隆線文土器を伴う細石刃文化期の長崎県城ヶ岳平子遺跡[23]，有舌尖頭器を特徴とする時期の神奈川県サザランケ遺跡[24]で人頭大前後の河原石などを長さ 0.5〜2m 弱の半円形かコの字状に並べ，炉石の内面が焼け，焼土・炭粒が分布している（図 26）。このほか，新潟県御淵上遺跡，長野県御小屋久保遺跡，大分県岩戸遺跡でも不確実なものが知られているが，これらを含めてもきわめて発見例は少ない。遺跡内に搬入した礫が焼礫となって群在している礫群が，地域差はあるものの普遍的に認められるのは好対象である。定住性，火の管理法あるいは容器・煮沸具の有無などとの関係で普及しなかったという歴史的な背景をもつのであろう。

その他，炉跡といわれるものは全国の約 40 遺跡で報告されている。しかし火の使用による土壌の変色は1万年以上経過すると確認しにくくなるといわれる。そこで静岡県寺谷遺跡では礫群周辺の土壌に強熱状態でもたらされる重量減少が認められるかどうか[25]，あるいは東京都の東京天文台構内遺跡では2基の焼土坑とされた中の焼土？に含まれる鉱物の組成をX線回析で調べている[26]。しかし，焼土の判定は難しく，いずれも良好な結果はえられていない。

2. 炭化物・炭粒

一般的に遺跡内には数 mm からほぼ 1cm 以内の炭粒が残されていることが多い。この炭粒も寺谷遺跡では遺跡の内外ともほぼ等量に分布することが確認され，一般に遺跡内の分布にも有意性が認められるとは限らず，自然炭化・野火などの自然現象も考慮しなければならない。しかし，オニグルミなど堅果類の炭化殻であることが確認された場合もあるし，建築材・木器片・薪炭片である可能性もある。実際，前述のように泥炭層上面など好条件下では，炭化木片がまとまって保存されているし，炭粒の樹種同定によれば，周辺の植生が針葉樹が多いと予想される割には火もちのよい広葉樹が多く，しかも単一種あるいは少数の樹種が集中しているという結果がえられ，縄文時代の火処と共通することからも炭化物集中地点の少なくとも一部は火使用の場と認定できる[27]。今後とも熱ルミネッセンス法，熱残留磁気測定などの自然科学的手法の援助もえて総合的に火処を追究していかなければならない。

3. 礫 群

平面形を円形・方形などに分類する場合もあるが，定まった形はなさそうである。大きさは長さ約 0.5〜1.2m のものが一般的で，5m を越えるものもある。平面分布状態は密集したもの，分散したものがある。断面形は通常平面的に並び，例外的に長野県茶臼山遺跡，秋田県下堤G遺跡，鹿児島県鎌石橋遺跡などで土坑を伴い，周囲が焼けている場合が知られる。礫は遺跡周辺から調達した主に拳大（500g 前後）以下のもので，数10〜2,3百個で構成されている。それは赤色化し，ススが付着したようにくすんだり，タール状の光沢のある黒色物質がしばしば表面に付着し，ひび割れ破損しているものが多い。蛍光X線・X線回析・

96

メスバウワー分光分析・熱ルミネッセンス法などによっても加熱されたことが説明され，脂肪酸分析では脂肪酸やステロイドが検出されている。

礫群には 1×1m ほどの狭い範囲にまとまり，その場で接合して完形になるものも含めて完形礫が多いものと，破損礫の割合が多くそれらが広く散漫に分布するものとがあるという。そして，前者を使用の場に放置したもの，後者を廃棄したものと推定する場合がある[28]。その変遷についてはナイフ形石器文化のⅠ～Ⅳ期（武蔵野Ⅹ～Ⅴ層）に小型円礫を用いた小規模なものが多く，Ⅴ期（武蔵野Ⅳ層）になると拳大の礫を利用したものが多くなり，規模も多様化し，量も急激に増加する。しかし，細石刃文化期になると減少するとともに小規模化する。

地域差もあり，関東，東海，近畿，中・東・南九州では 70% 前後の遺跡で発見され，東北，北陸，中部，西九州では 30% 以下と少なく，ナイフ形石器の地域差と共通する傾向がある[29]（図 27）。

なお，縄文時代にも早期～後期前葉まで集石・集石土坑・焼石炉・礫群などと呼ばれる焼礫の集合したものがある。これらは早期・中期にピークがあり，旧石器時代の礫群と分布域も類似するようである。平面に群集する旧石器時代の礫群と同様なものと土坑を伴う集石土坑に大別される。後者は礫が充満している例が多く，底に土器や礫が敷かれるものもあり，関東地方では前者と後者の割合は 1：4 ほどである[30]。細石器文化から縄文時代草創期には礫群が少なく，旧石器時代には土坑を伴う例は皆無に近いという違いは重要であるが，旧石器・縄文時代の共通点にも注意する必要がある。縄文時代の礫群も土器や石器と同一分布を示すことが多く，集石土坑の礫と接合し，完形の 4 分の 1 以下の破損礫が多く，炭化物および焼土を伴う例はきわめて少ないことから，別の場所で石蒸し料理などに使ったものを廃棄したと考えられる[29,30]。

● 墓・その他の土坑 ●

墓あるいはその疑いのある土壙は北海道美利河遺跡，宮城県座散乱木遺跡[32]，福岡県椎木山遺跡[19]，大阪府はさみ山遺跡[17]と大分県岩戸遺跡から発見されている。岩戸遺跡以外は楕円形あるいは小判形の土壙で，前三者は長径 1.1～1.5m，短径 55～90cm であるが，はさみ山遺跡は 2.7×1.6m で深さ 50cm と大きい。岩戸遺跡は隅の丸い台形の土壙で，長さ 170cm，幅 135cm で深さ 15cm，その上面には 43 個の礫が置かれ，壙内には人間の歯と思われるもの，イシダタミ・アワビの破片とスクレイパーが入っていた[33]。座散乱木遺跡，はさみ山遺跡では基本層序を掘りぬいた性

図 27 住居・石組炉・礫群・墓の分布

質の違う土がまだらに混じり，掘った直後に埋め戻されたことが確認され，墓であることの根拠になっている。座散乱木遺跡，椎木山遺跡の6基のうち2基からはナイフ形石器，彫刻刀形石器，二次加工ある剥片が出土し，はさみ山遺跡，美利河遺跡からは大型の石核が数点出土している。なお美利河遺跡では，底面と思われる所にベンガラのような赤土が広がり，そこからはカンラン岩やコハク製の玉類が5点出土し，人に由来すると推定される脂肪酸も検出された[22]。

以上のほか1983年までには35遺跡ほどで土坑の発見が報告されている[34]。静岡県寺谷遺跡や広野北遺跡，東京都 ICULoc. 15 遺跡などのように，円形で深い明確な例から不明瞭なものまである。人工的であるかどうか，あるいは貯蔵穴などの存否も含めて慎重に検討しなければならない。

● お わ り に ●

これまで2年2カ月にわたって合計9回旧石器時代の諸問題について連載してきた。記述するに当たって全国的視野に立つこと，石器の器種認定・用語に注意すること，石器編年の個別的記載は最小限にし，できるだけ歴史・文化の大枠を扱うこと，同じ石器時代である縄文時代と共通の基準で対比的に通覧することなどに努めたつもりである。しかし締切に追いまくられ，不勉強なままでここまで来てしまったし，わかりやすく記述することに留意する余裕もなかった。

また，後期旧石器時代の人類と自然環境，石の割れの特性なども含めた石器製作，石器の機能・用途，当時の精神生活・芸術・装身具・装飾品など，縄文時代草創期との関連あるいは関連科学との提携などについてほとんど触れることができなかった。とくに遺跡・遺構をどのように発掘し，遺物をどのように注意深く観察し記録・記載するかという点については，本連載の性格上省略した。しかし，このことは最も基本的で重要な出発点であり，今後の分析・解釈をいかに説得力のある議論に導くかの鍵を握っており，この基礎的方法の改良は常にわれわれの課題である。

註
1) 鈴木定明「印旛郡市における先土器時代遺跡の立地条件」竹箆，2，1987
2) 戸田正勝「東京都鈴木遺跡」『探訪先土器の遺跡』所収，1983
3) 神奈川県立埋文センター『栗原中丸遺跡』1984

4) 山下秀樹編『広野北遺跡』1985
5) 伊藤富治夫・千葉 寛「小金井市・野川中洲北遺跡」東京の遺跡，12，1986
6) 橋本勝雄・須田良平「―1986年の動向―旧石器時代」考古学ジャーナル，277，1987
7) 栗島義明「先土器時代遺跡の構造論的研究序説」土曜考古，11，1986
8) 佐藤宏之「石器製作空間の実験考古学的研究(1)」東京都埋蔵文化財センター研究論集Ⅳ，1986
9) 東北歴史資料館編『里浜貝塚Ⅳ』1984
10) 岡村道雄「旧石器時代遺跡の基礎的な理解について」考古学ジャーナル，169，1979
11) 石器文化談話会『座散乱木遺跡発掘調査報告書Ⅱ』1981
12) 加藤 稔編『山形県越中山遺跡 A′地点第二次発掘調査略報』1975
13) (財)千葉県文化財センター『年報 1984』1985
14) 秋川市前田耕地遺跡調査会「縄文草創期の住居址」季刊考古学，4，1983
15) 大和市教委編『上和田城山遺跡』1979
16) 大阪府教委『南花田遺跡発掘調査概要Ⅱ』1987
17) 一瀬和夫「大阪府はさみ山遺跡」日本考古学年報，38，1988
18) 河瀬正利・藤野次史編『広島大学統合移転地埋蔵文化財発掘調査年報Ⅵ』1988
19) 上村佳典編『椎木山遺跡第2地点』1987
20) 梶原 洋「ソビエトの旧石器時代住居址」考古学ジャーナル，262，1986
21) 兵庫県教委『シンポジウム旧石器時代の人間と自然』1985
22) 長沼 孝編『今金町美利河1遺跡』1985
23) 辻本崇夫「細石器文化の遺構」駿台史学，60，1984
24) 鈴木次郎・長谷川厚「宮ヶ瀬遺跡群サザランケ(No.12)遺跡」神奈川県立埋蔵文化財センター年報6，1987
25) 鈴木忠司編『寺谷遺跡』1970
26) 東京天文台構内遺跡調査団『東京天文台構内遺跡』1983
27) 工藤敏久ほか「先土器時代における火の使用」考古学ジャーナル，222，1983
28) 金山喜昭「武蔵野・相模野両台地における旧石器時代の礫群の研究」神奈川考古，19，1984
29) 保坂康夫「先土器時代の礫群の分布とその背景」『山梨考古学論集Ⅰ』所収，1986
30) 上田典男「縄文時代焼礫集積遺構の形態的把握」物質文化，41，1983
31) 阿部祥人ほか「縄文遺跡における『礫』の考古学的位置づけ」古代文化，36―12，1984
32) 石器文化談話会『座散乱木遺跡発掘調査報告書Ⅲ』1983
33) 坂田邦洋『大分県岩戸遺跡』広雅堂，1975
34) 鈴木忠司「旧石器人のイエとムラ」季刊考古学，4，1983

小林達雄編集・小川忠博撮影
縄文土器大観
2 中期Ⅰ
小学館
B4判 333頁
39,000円

　小川忠博さんが，奥様の奉子さんを助手として，スリットカメラで撮影する場に立ちあったことがある。息のあった，そして失礼ながら，期待に反してあっけない作業だった。
　小川さんのスリットカメラの魔術は，3次元を2次元に翻訳する。土器側面の全周分の紋様を，平面の横帯紋様に変えてしまう。歪みは出来る。しかし，360度分を一度に視野におさめることが出来る効能は絶大である。
　小林達雄さん編，小川忠博さん撮影の『縄文土器大観』がついに世に出た。全4巻のうちの第2巻（中期Ⅰ）である。縄紋土器のなかでも最も迫力のある紋様をもつ土器群をあつめた巻がまず最初に出版されたことは，当然であろう。
　考古学を学ぶ立場からは，この書のあとがきで小林さんが書くように「縄文土器との新しい対話が始まった」思いである。小林さんの努力に感謝する。
　美術鑑賞の立場からこの本を手にとる人にとっても満喫に値しよう。この写真集を手にすれば，理屈抜きで居ながらにして，縄紋土器の紋様を余すことなくつぶさに観察／鑑賞出来る。素晴しい。
　小川さんが，「縄紋土器を10倍楽しむ法」を教えてくれたことに感謝したい。

　この本でわからないのは，写真の配列の基本方針である。なぜ大判にしたのか。その大きさを充分には生かしきっていないのだ。
　本の縦は36.3cmもあるのに最大の写真は縦わずかに13.8cmに過ぎない。この大きさの写真を2段に並べ，段の間も広くあけ，上下にも大きな余白をあける。その空きのもったいなさ！　写真を5段に並べたページでは，ひとつの縦が4.9cm。余白をケチれば，5.9cmずつの大きさにだって出来る。
　それに，私だったら，ひと見開き（左右2ページ）分を使って，その縦の長さをそっくり生かして土器1個分をいれることも試みる。大きくしてこそ，縄紋土器がド迫力でせまってくるではないか。
　視力が衰えてきたせいか，私には，余白を大きくして，土器を少しでも小さく見せることに努める？配列の方針は気に入らなかった。

　小林達雄さん執筆の「縄文土器の文様」は，数々の卓見をくりひろげている。
　紋様から離れるけれど，縄紋土器が他の容器の模倣に始まる，という小林説を，私は前々から支持している。皮袋や籠を形から紋様まで忠実に写した，という解釈は正しい，と思う。そして草創期に円形丸底・方形平底の2種類あった土器が，早期には前者のみとなる現象を積極的に評価して，模倣から脱脚して独立した姿ととらえたのも良い。
　小林さんと考えを等しくしない点もある。たとえば，彼が唱える「美的評価の普遍性」だ。時代・文化・社会が違えば，美的評価も違ってくる実例はふんだんにある。
　既往の美的評価から疎外されることによって，印象派は出発したではないか。かつて美術史家の目に縄紋土器は美しいとは映らなかったではないか。
　小林さんが，紋様を装飾性紋様と物語性紋様とに分けることにも賛成出来ない。後者はむしろ，意味をもつ紋様とでもよんでおくほうが安全である。そして小林さんは草創期の土器紋様を装飾性紋様だというが，そうかどうかは分らない。民族例には，見たところ抽象的表現ながら，実は意味をもつ紋様だってあるからだ。皮袋・籠の意味ある紋様を，忠実に真似た可能性だってある。
　無いものねだりすると，これだけ写真を沢山あつめたのだから，小林さんがこの展開写真をどう観察分析して，縄紋人の世界観に迫るのかを，具体的に実例をあげて示してほしかった。

　同じことは，谷井彪・植田真・安孫子昭二・鈴木保彦・山本暉久さんの「阿玉台式土器様式」・「狢沢式土器様式」・「勝坂式土器様式」・「加曽利E式土器様式」にもいえる。
　各論文は，中期縄紋土器の編年的研究の到達点を述べ，はなはだ精緻で舌を巻く。しかし，一方，読者が展開写真をみながら読むことへの思い遣りはあまりない。小林さんや他の筆者が本シリーズの別の巻で紋様の分析・解読の具体的な実践例を示してくれるようお願いしたい。
　このような次第で，読者は，予見なく，自らの目で思う存分本書の展開写真を観察／鑑賞すればよい。紋様の割り付け方，描く順序，単位紋様をつかみ，紋様の意味にまで挑んで縄紋世界にしばし遊んではいかが。
　この豪華本の最大の欠点は，豪華なる値段にある。事情を知らないでもないが，部数をふやして，もっと安くすることが出来れば良かったのに。
　金があっても学問は出来ない。しかし，金が無くては学問は出来ない。　　　　　（佐原　眞）

島地 謙・伊東隆夫 編
日本の遺跡出土木製品総覧

雄山閣出版
B5判 296頁
7,800円

　日本の文化は，木の文化であるとよく言われる。しかし，残念ながら考古学の発掘調査では，木製の物質文化が発見されることが少なかった。それは当然のことながら，木質部が保存される条件の整った遺跡は，水没していたり，水位の高い土中でなければならない。従来，このような場所は，どちらかというと発掘の困難性を伴うことから，むしろ調査の対象から除外されていた。ところが，最近では，どこぞの発掘現場から多量の植物遺体が発見されたとか，素晴らしい木製品が多数出土したとか，たびたび新聞紙上を賑わわすことが多くなってきている。それは，現在の発掘調査の対象地区が，台地上だけでなく，いままで調査の手が行き届かなかった谷底平野やマーシーな沖積平野などのあらゆる条件の場所に及んできたことを示している。

　この本の最後に付篇2として所載されている381篇の古材の樹種同定に関する参考文献を見ると，1970年代の半ばからその報告が急増している。それは自然科学と考古学の学際的な科学研究費による特定研究が進められた時期とも一致するが，一方では多くの考古学研究に携わる者が開発に伴って低湿地ですら発掘せざるを得なくなった状況とも期を一にしている。今後，ますます開発が拡がるにつれて，低地遺跡の調査を行なわねばならない回数が多くなり，かつ，そこから出土する多量の植物遺体や木製品の処理を一体どのようにしたらよいかという問題に迫られるだろう。そのような折，本書の出版は，まさに時宜を得たものであり，多くの現場で働く研究者の座右の書としてまこと望まれる一冊なのである。

　本書は，京都大学名誉教授島地謙先生を始めとする，木材生物学の専門家6名によって執筆されている。「1；文献からみた古材の樹種同定研究史」「2；ヒノキを用いた日本における年輪年代法の現状」「3；古材の樹種同定研究法」「4；加工木にみる古代の木材利用」「5；自然木による古植生の復元」の5章からなり，5篇の付篇が付いている。第1章の研究史を解説された島地先生は，その最後に，「出土木材の樹種同定に携わる者は絶えずより十分な同定能力を身につけるように努力を続けなければ，考古学との協力関係は真に実を結ぶものとはならない」と自戒されている。自然科学者としての厳しい姿勢を示されておられるのだが，本書の内容は，その姿勢によって貫かれている。

　考古学の研究者にとって，年代の問題はきわめて重要である。その点で，第2章の年輪年代法の研究の現状は，大変に興味深い。気象変化をよく反映し，広い植生分布をもち，多く利用され，長い樹齢をもつ木として選択されたヒノキによるその成果は，暦年標準パターンを紀元前206年まで遡ることができ，さらに石川県真脇遺跡などの柱根から将来縄文晩期にまで延長することができるという。ヒノキ以外では，アスナロ，サワラ，コウヤマキなどの樹種にも応用できるという。

　さて，実際に，低湿地の発掘に当たる場合，出土してきた古材を一体どのようにしたらよいかの指針を与えてくれるのが，「古材の樹種同定研究法」の章である。まず，資料保存とサンプリングの方法が述べられ，そして，樹種同定するためのプレパラート作製法，顕微鏡観察，写真撮影，樹種同定の検索法と，長い間，地道に樹種同定の作業を続けてこられた専門家でなければ絶対に指摘できない具体的な研究方法が説明されている。

　次いで，第4章では，いままでに報告されてきた資料をもとに，製品別の解説がされる。このように各時期のものを全国的に眺めてみると，実にいろいろなことを教えてくれる。例えば，斧の柄の材質を見ると，縄文時代（使用樹種の多い順：ユズリハ属，サカキ，ヤブツバキ）と弥生時代（アカガシ亜属，サカキ）の間に違いが認められる。植生の変化に基づくのか，人為的な選択によるのか，この解釈がこれからの問題である。最後の第5章では，遺跡発掘に伴って出土した自然木をもとに植生復元の概観を行ない，また炭化材についても取り上げられている。

　付篇1「製品群別データ一覧表」は，本書を手にした人がその量の多さに目を見張るであろうほど，まさに圧巻である。1985年までに印刷・公表された文献に載る，木材の加工品が26の項目に分けられ，150頁にもわたって掲載されている。本書の出版目的の一つは，付篇2の「文献目録」と，極めて長い時間をかけて収集されたこのリストにあるといっても過言ではないだろう。きわめて利用価値の高い情報である。

　本書は，日本で初めて出版された『考古木材学』の概説書であり，その基本書である。

（加藤晋平）

ジェイムズ・ディーツ 著
関　俊彦 訳

考古学への招待

雄山閣出版
A5判 155頁
2,000円

『考古学への招待』（Invitation to Archaeology）は，ジェイムズ・ディーツによって1967年に書かれた，アメリカにおける人類学的な考古学の入門書である。ディーツは，土器の属性分析に基づいた北米インディアン・アリカラ族の社会組織の研究(Deetz, J.,1965 : The dynamics of stylistic change in Arikara ceramics. University of Illinois Studies in Anthropology 4)で著名であるとともに，アメリカにおける歴史考古学的な研究でも知られている。

本書は9章から成る。第1章「考古学とは」の冒頭において，ディーツは，人類学の一分野として考古学を位置づけ，考古学研究の基本として，観察，記録，解釈の3つをあげる。第2章では，年代決定法として，層位，セリエーション，放射性炭素年代法など，5つの方法を紹介した後，第3章から第7章では，形態，時間と空間，context（訳文：遺跡と遺物の相関性），機能，構造，という考古学における6つの問題を取りあげ，これらの問題に対するアプローチの方法を，それぞれ具体的な例をあげながら説明する。その過程において，セリエーションというアメリカ考古学独自の相対年代法や，horizon（分布域），tradition（伝統）といった，北米の考古学研究における基本的な概念が紹介される。また，第7章では，考古資料と言語の構造との比較を試みている。

第8章は，ディーツが，人類学的な考古学研究の究極目標と考える，人間行動の復元を論じた章である。ここでは，個人，集団，共同体，社会という4つのレベルにおける人間行動の復元が，具体的な研究例とともに示される。とくに，「人工遺物と個人」の節では，アリカラ・インディアンの社会組織と土器の変化に関するディーツ自身の研究の概略を紹介し，併せて，ロングエイカーによるプエブロ・インディアンの研究などにもふれている。そして，締めくくりの第9章では，これからの考古学の可能性として，コンピューターの応用，民族誌および民族学的なデータとの比較，推論の重要性などを強調する。

本書は，人類学的な視点を強調し，人間行動の復元を積極的にめざした点では，きわめてニュー・アーケオロジー的である。ただし，本書では，いわゆるニュー・アーケオロジーを特徴づける，システム論的，および生態学的な視点については，ほとんどふれられていない。また，ニュー・アーケオロジーのもうひとつの特徴である文化進化論的な解釈も，本書のなかでは希薄である。第8章の最終節では，「文化の発展段階」を取りあげているが，その内容は，全世界的な考古学研究の概説であり，文化史の再構成という意味合いが強い。

以上の点から考えるならば，本書の内容は，ニュー・アーケオロジー的であると同時に，伝統的なアメリカ考古学の視点を色濃く反映するものといえる。このことは，ひとつには，本書が，1960年代という，ニュー・アーケオロジー台頭期の本であるという事実によるものであろうが，同時に，ディーツ自身の研究の基本的な特徴を示すものでもある。アリカラ・インディアンの遺跡における，社会組織の復元に関するディーツの研究は，しばしば，ニュー・アーケオロジーを論じた論文や単行本において紹介されているが，彼の研究は，ビンフォードやフラナリーなどに代表される生態学的・システム論的なアプローチとはやや異なった基盤の上に構築されていると考えるべきである。すなわち，ディーツの関心は，生物学的な存在としての人間よりも，社会的，文化的な存在としての人間に向けられており，その研究は，生業や環境への適応に議論が集中した1960年代の北米考古学において，独自の位置を占めるものである。

したがって，北米におけるニュー・アーケオロジーの概要を知るために本書を読むことは必ずしも適当ではない。しかしながら，そのことは本書の価値を損なうものではない。本書は，北米考古学における基本的な概念と方法を簡潔に説明したすぐれた入門書のひとつであり，その内容は，出版後20年を経た現在においてもきわめて示唆に富むものである。とくに，型式の概念や，時間と空間の理解に関する説明は明快であり，日本の考古学者にとって，参考になる部分が多い。

訳文は，平易な文体を用いて，日本の読者に馴染みの薄い内容をわかりやすく説明しようとした努力がうかがわれる。ただ，北米考古学や人類学の専門用語などは，あえて意訳せずともよかったように思う。とくに，第7章の言語と考古資料との対比の部分は，直訳の方が，原文の意図とその問題点が，より明らかになったと思う。

考古学においては，歴史学・人類学など，近隣諸分野に比して，諸外国の文献の翻訳書が極端に少ない。労の多い翻訳の仕事を手掛けられた訳者に敬意を表する。　　　　　　　　　　　　（羽生淳子）

論文展望

選定委員（五十音順・敬称略）　石野博信　岩崎卓也　坂詰秀一　永峯光一

出原恵三

初期農耕集落の構造

考古学研究　34巻3号
p.119〜p.130

　弥生時代の集落を特徴づける第一のものは環濠の存在である。すなわち環濠集落に採集経済を基礎とした前代の集落との構造的転換や飛躍を求めることができる。しかしながら弥生文化成立期の諸研究が深められつつある中で、諸要素の総体としての集落の研究は進展が見られているとは言い難い。

　このような中にあって田村遺跡群では、前期環濠集落とともに、それに先行する弥生集落の全貌を明らかにすることができたのである。後者は、南北に長い自然堤防上に立地し、堅穴住居10棟、掘立柱建物15棟、数基の土壙墓・貯蔵穴などから成り立っている。堅穴住居は円形と方形があり、さらに床面積から大・中・小の型に分けることができる。大中型住居はその構造的特徴から松菊里型住居と言われているものである。これらの住居は、大または中型と小型が2棟一対となって存在している。堅穴住居の中で今一つ注目すべきことは、特定の住居から紡錘車や石器が集中して出土するという遺物の偏在的傾向がうかがえるということである。掘立柱建物の内訳は、住居10棟、倉庫3棟、性格不明2棟である。住居のうちの4棟には、建物に平行する舟底状土壙が付属している。

　これらの諸遺構は、中央広場的な空間を馬蹄形状に囲むように整然と配置されており、環濠はもっていない。当集落では最古の前期土器を使用し、大陸系磨製石器はすべて出揃っている。いわば最新型の住居に住み、新鋭の道具を有して水稲農耕を受容しているにもかかわらず、その集落形態は縄文的特徴を色濃く残すものである。

　かかる現象は、社会的にはまだ「弥生社会に飛躍」していない段階を示すものであり、このような新旧要素の混淆とした複雑な様相の中に、新しい文化の選択をめぐる葛藤が投影されているのである。

（出原恵三）

中井貞夫

所謂「小銅鐸」について

ヒストリア　117号
p.1〜p.21

　小銅鐸は、「銅鐸」に似た青銅製品の総称であり、明確な基準を持った名称ではない。「銅鐸」は、基本的に身と鈕と鰭から構成され、それぞれの外面が文様で飾られている。このような視点から、小銅鐸も分類してみた。

　第Ⅰ類(1)　鐸身・鰭および鈕は文様で飾り、内面凸帯がある。小型銅鐸　志那鐸（滋賀県草津市）。第Ⅰ類(2)　鈕に文様があり、内面凸帯を有す。小銅鐸　長瀬高浜鐸（鳥取県羽合町）。第Ⅰ類(3)　鈕に文様があり、内面凸帯はない。小銅鐸　田間鐸（栃木県小山市）。第Ⅰ類(4)　鐸身・鰭および鈕は文様で飾り、内面凸帯はない。小銅鐸　川焼台鐸（千葉県市原市）。

　第Ⅱ類　鰭を欠く、鐸身に簡略化した文様で飾っている。内面凸帯を有する。銅鐸形銅製品　大南鐸（福岡県春日市）。

　第Ⅲ類(1)　文様はなく、鰭を欠く。鐸身断面は銀杏形を呈している。銅鐸形銅製品　寛弘寺鐸（大阪府河南町、ほか）。第Ⅲ類(2)　(1)との違いは、鐸身断面がほぼ円形を呈している。銅鐸形銅製品　有東鐸（静岡県静岡市、ほか）。

　第Ⅳ類　朝鮮式小銅鐸　別府鐸（大分県宇佐市）。

　第Ⅰ類(1)は銅鐸の小型であり、第Ⅰ類(2・3・4)は簡略化された銅鐸で小銅鐸と呼びたい。第Ⅱ類から第Ⅲ類(2)は銅鐸を模倣したもので銅鐸形銅製品と呼びたい。第Ⅳ類は、以上のものと系譜を異にする朝鮮式小銅鐸である。

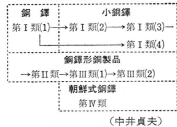

（中井貞夫）

中村倉司

弥生時代における甕形土器の煮沸方法と熱効率

考古学雑誌　73巻2号
p.54〜p.70

　甕（深鉢）の熱効率向上は、晩期終末の西日本地方で見られた器壁の薄肉化、高台を持つ土器などの出現によって一つの頂点を極めた。このような状況の中で弥生時代を迎える北九州では縄文時代晩期にそれまでの伝統の中から高台甕と半島の影響を多分に受けた甕を出現させた。後者は東進し、やがて畿内を中心とする西日本で盛行する甕の祖型となった。前者は前期終末に有脚甕として脚を発達させ、やがて九州西・南部に普及させた。東海から南関東にかけては、独自の有脚甕を盛行させた。中部から南東北にかけては、縄文時代的伝統を残した甕、そして北東北は、縄文時代的伝統を堅持しつつも独創的な甕を出現させた。これら五地域の甕は、互いに影響を受けつつも比較的独自性を強く持って展開している。

　ところで、畿内を中心とした地

域の甕の使用方法は，煤などの痕跡からおおよそ復元されつつある。しかしここで問題としたいのは，主に古墳時代前期の尖底・丸底の甕である。これらは底部から加熱されているが，炉の状態からは土器を浮かせる施設は確認されていない。該期の甕は，1容積が少ない。2胴部が膨らみ，頸部がつぼまる。3口縁部が内湾し，口唇部が肥厚し補強されているなどの特徴から，土器を吊して煮沸する方法が可能なことを示唆している。一方，山陰などの支脚を持つ地域でも，日常的な煮沸に際して，これを使用していたか否かの疑問が残る。これに対して九州や東海・南関東では台付甕があり，それなりの工夫によって煮沸効率の向上が指向されている。さらに煮沸方法については，無脚の甕を直接炉に設置するのを「直置方式」，有脚のそれを「浮置A方式」，支脚などその他の方法を駆使して器を持ちあげる方法を「浮置B方式」とした。さらに竈を用いる方法を「懸架方式」とした。その結果，「浮置A方式」こそ弥生時代に獲得すべき煮沸形態であると言う結論に達した。　　（中村倉司）

森下浩行

九州型横穴式石室考
一畿内型出現前・
横穴式石室の様相一

古代学研究　115号
p. 14〜p. 36

日本の横穴式石室は大きくみて，畿内型と九州型とがみられるが，5世紀代については少数の例外を除いて，九州にて独自に展開したと考えられる。九州型のうち，北九州型はA類とB類とに分かれる。A類はⅠ〜Ⅳ型式に分かれ，型式学的変遷がみとめられる。出現期のA類には，老司古墳3号石室から分かれた鋤崎系統と釜塚系統の石室がみられるが，5世紀中葉を境に鋤崎系統は消失する。また，それとほぼ同時に，台形プランの出現，周壁最下段の腰石使用，段構造の消失などがみられ，5世紀中葉を石室構築上の画期とすることができる。B類は型式学的変遷がみられず，常にA類の影響を受けて変遷が行なわれる。しかし，もう一方では構造的に竪穴式石室に横口部を設けるというアイデアを失わず，6世紀前半までみることができる。肥後型は，3地域（北部・中央部・南部）でそれぞれ特徴ある地域色がみられる。また，編年上の画期として，出現，北九州型の影響，石屋形の設置があげられ，肥後型もまた北九州型A類の影響を受ける。北九州型B類や肥後型にA類の影響がみられることに加えて，A類が前方後円墳や大型円墳に採用され，逆にB類・肥後型が中・小円墳に限られることから，北九州型A類を中心とした一つの政治勢力を北九州，肥後といった広い範囲に想定しうる。そして，そうした範囲内での交流がみられる。

わずかにみられる5世紀代の九州以東の石室には，九州にみられる石室構造のすべてが伝わる。ただし，その受容の際には混同がみられる。これらの石室には追葬がみられず，形だけの受容である。しかし，形だけの受容であっても，その地域に後出する石室への系譜が認められるものが存在するため，6世紀以降の横穴式石室文化の爆発的拡大の前兆をうかがいしることができる。（森下浩行）

土井義夫・渋江芳浩

平安時代の居住形態
一武蔵国多摩郡における
集落遺跡の検討一

物質文化　49号
p. 1〜p. 28

時代を問わず，集落研究が行き詰まり状況にあると認識している研究者は少なくない。その原因はいくつか考えられるが，基本的には，集落遺跡が私たちの前に現われる場合に，時間的に累積された最終的な姿であるという原則的な性格が充分理解されないできたからであろう。最近，ようやく具体的に論じられるようになった平安時代の集落遺跡のあり方にしても同様な指摘ができる。停滞した集落研究を打開するためには，まず，集落遺跡のもつ時間的諸関係を解きほぐす作業の中から居住の実態を検討しなければならない。

そこで，私たちは，集落遺跡の原則的な性格をふまえて，武蔵国多摩郡西部に展開する平安時代の集落遺跡のあり方を検討することにした。まず，八王子市宇津木台遺跡群J地区で実践した集落遺跡の分析結果を紹介し，次のような仮説を導き出した。

生活痕跡が長期間に累積した結果，集落遺跡として出現する場合でも，一時期には「集落」とはいいがたいほどの少数の住居しか存在しない。そして，具体的な存在形態としては，各時期の住居が予想以上に間隔をおいた2棟の竪穴住居を単位として散居する場合が多い。さらに，生活痕跡の残存状況，とくに遺物の出土状態の観察から，生活廃棄物の僅少な場合やある土器型式期がそっくり欠落する場合などに注目すると，各時期の住居群は，前後の時期との連続性に欠けており，移動性に富んだ居住形態が想定される。

このような想定を出発点として，周辺に展開する集落遺跡を検討してみると，かならずしも地形的条件に規定された特殊なあり方ではなく，武蔵国多摩郡西部ではごく一般的なあり方であったことが確認された。大部分の考古資料が廃棄・廃絶されたことによって残されているという原則的な性格を出発点に置いて検討すれば，かならずしも大地に緊縛された居住形態を前提とする必要はない。

本稿での分析視角は，時代を問わず敷衍化できるはずであり，各時代の居住形態を再検討する場合に有効だと思われる。

（土井義夫）

●報告書・会誌新刊一覧●

編集部編

◆考古学と地域文化―同志社大学考古学シリーズⅢ―　森浩一編　同志社大学考古学シリーズ刊行会　1987年6月　Ａ5判　649頁

考古学用語と地域名……森　浩一
石器文化と石材選択……麻柄一志
双角状石器小考………松藤和人
変革期の装飾具にみる地域性―叺状耳飾と南海産貝製腕輪を中心に―……………………鈴木重治
西北九州における曽畑式土器の諸様相…………………水ノ江和同
阿武隈川上流における縄紋時代中期後半の土器………福島雅儀
琵琶湖東部の縄文時代における石材―磯山城遺跡を中心に―
……………………中川和哉
分銅形土製品の一考察…清水真一
青銅武器の東辺………豊岡卓之
耳成山産流紋岩製石庖丁について
……………………塚田良道
吉野川（徳島）流域における弥生文化終末期の文化相……菅原康夫
北陸における弥生時代の大型土坑
……………………三浦純夫
奈良県曽我川流域の遺跡とその伸長……………………伊藤勇輔
布留０式土器拡散論……寺沢　薫
「伊勢」その南と北……伊藤久嗣
埴輪文化の地域性………坂　靖
高地・丘陵・低地の前期古墳と地域性…………………今尾文昭
竪穴式石室導入の意義―丹後・但馬を中心として―……細川康晴
畿内大型横穴式石室考―後期古墳時代・畿内型Ａ類の様相―
……………………森下浩行
遠江における後期古墳成立の様相
……………………辰巳和弘
大和における横穴式石室の受容
……………………千賀　久
疑似石棚をもつ横穴式石室
……………………牛嶋英俊
軸式扉石をもつ終末期古墳の一例
……………………脇坂光彦
新沢古墳群の被葬者集団について
……………………寺沢知子
線刻壁画研究ノート①―鳥取県に

おける実態と分析―…加藤和枝
若狭の主要古墳と膳氏…石部正志
帝塚山古墳とその周辺…堀田啓一
茨田屯倉の大溝と古墳―大阪府守口市大庭北遺跡―…瀬川芳則
古墳時代北部九州における長頸式鉄鏃の分布について…三宮昌弘
中国・朝鮮系文様をもつ馬具について―杏葉・鏡板を中心として
―……………………玉城一枝
大和における馬具の様相―鉄製楕円形鏡板付轡を中心に―
……………………鹿野吉則
丹波の須恵器生産覚書―京都府園部窯址群の再検討―…山田邦和
能登半島の古代鉄生産序説
……………………小嶋芳孝
鉄鋌始源の一様相―韓・日発見の大形板状鉄器―………門田誠一
朝鮮半島南部地方における高句麗文化―壺杆塚出土の銅鋺を中心として―……………………緒方　泉
高句麗壁画古墳と楽浪の故地
……………………中村潤子
本州北端部は擦文文化圏にふくまれるか……………………天野哲也
中世集団墓地の地域相―都市と田舎―……………………楠元哲夫
摂河泉出土和鏡の研究とその課題
……………………前田洋子
中世前期における大阪府南部の甕生産………………鋤柄俊夫
墓所にみる忍性の思想的背景
……………………前園実知雄
五代における東シナ海交流の一面―銭弘俶塔を指標として―
……………………鈴木　信
龍生九子の伝説について―考古学の立場からみる―……王　維坤
メソアメリカの世界認識と知識・技術体系………………大井邦明

◆中近世土器の基礎研究 Ⅲ　日本中世土器研究会　1987年12月　Ｂ5判　187頁

古代末～中世須恵器と瓦の研究
………橋本久和・吉村正親
東播系中世須恵器の生産と流通
……………………森田　稔

東播磨における瓦生産―神出・魚住窯を中心に―………丹治康明
平安京域出土瓦とその生産―特に院政期を中心として―
……………………吉村正親
関東地方における中世在地系土器について……………浅野晴樹
草戸千軒町遺跡出土の亀山焼甕
……………………篠原芳秀
福岡地方の須恵器・瓦質土器について……………………井沢洋一
平安時代における東海系緑釉陶器の使用形態について…前川　要
篠窯の終焉………伊野近富
高知県における中世土器の様相―15・16世紀を中心にして―
……………………松田直則
中世土器の製作技法ノート(1)
……………………橋本久和

◆四万十川流域の縄文文化研究　木村剛朗著　幡多埋文研刊　1987年12月　Ｂ5判　475頁

　高知県中村市在住の著者，木村剛朗氏の半生涯にわたる蒐集と現地調査による，四万十川流域の縄文文化研究の集大成。50遺跡の踏査の概略と総括からなる。

◆蓬田大館遺跡　早稲田大学文学部考古学研究室刊　1987年10月　Ｂ5判　305頁

　津軽半島の蓬田川沿いに所在する14世紀初頭～16世紀末に位置づけられる館跡。館跡と称する地域では11世紀を中心とする竪穴住居跡と鍛冶遺構も検出されている。

◆窪田遺跡　福島県南会津郡只見町教育委員会刊　1987年3月　Ｂ5判　260頁

　福島県南会津郡只見町に所在する遺跡。縄文時代後期の住居跡1軒・同晩期の住居跡3軒，弥生時代中期の住居跡2軒のほか，34基の土坑と再葬墓などを検出。

◆下斉田・滝川Ａ遺跡　滝川Ｂ・Ｃ遺跡　群馬県埋蔵文化財調査事業団刊　1987年12月　Ａ4判　157頁

　群馬県高崎市に所在する遺跡。

縄文時代中期の土坑と前期から中期の土器，弥生〜古墳時代初頭の畑跡と考えられる溝群，方形周溝墓1基，住居跡3軒などが検出されている。

◆鷺森遺跡の調査―縄文時代前期の集落跡の調査― 郷土史料第33集 埼玉県上福岡市教育委員会刊 1987年2月 A4判 377頁

埼玉県上福岡市に所在する縄文前期の集落遺跡。縄文時代前期諸磯期の住居跡15軒・土坑689基・小ピット群，近世の溝・洗い場が検出されている。「鷺森遺跡からの考察」として6編を載せる。

◆四街道市四街道南土地区画整理事業地内発掘調査報告書―中山遺跡・水流遺跡・東原遺跡― 印旛郡市文化財センター刊 1987年3月 A4判 197頁

千葉県四街道市に位置する遺跡。旧石器時代から平安時代にわたる多量の遺物が検出されており，とくに中山遺跡からは，縄文時代の住居跡28軒・小竪穴6基・落し穴21基，弥生時代の方形周溝墓1基，古墳時代の住居跡3軒など134基の遺構が検出されている。

◆下鈴野遺跡 市原市文化財センター刊 1987年3月 B5判 203頁

千葉県市原市に所在する縄文時代〜平安時代の遺跡。縄文時代中期の住居跡2軒，弥生時代終末〜古墳時代の住居跡34軒，古墳5基，奈良〜平安時代の方形溝9基が検出されている。

◆日野市栄町遺跡調査概報 III 日野市栄町遺跡調査会刊 1987年3月 B5判 226頁

東京都日野市栄町遺跡の昭和61年度調査報告。竪穴住居跡・竪穴状遺構・地下式壙・土坑が検出され，とくに地下式壙より紀年銘をもつ板碑5枚が出土している。

◆釈迦堂 III 山梨県教育委員会刊 1987年3月 A4判 180頁

山梨県東八代郡に位置する遺跡。縄文時代中期の住居跡20軒・土坑125基などのほか，平安時代の住居跡が検出されている。遺物は藤内期〜曽利期の土器群・鉄製

紡錘車・鋳帯金具などが出土。

◆三木だいもん遺跡―加賀市埋蔵文化財調査報告第17集― 加賀市教育委員会刊 1987年3月 B5判 173頁

石川県最南端に位置する加賀右庄の推定遺跡。12〜14世紀に位置づけられる柱穴2,500個・掘立柱建物跡90棟・柵列跡42列・方形区画1などが検出され，陶磁器類・木製品などのほか，「金光明経除病品」を墨書する石経が検出されている。中世の建物の移動と変遷を示す資料を提供している。

◆海会寺―海会寺遺跡発掘調査報告書― 泉南市教育委員会刊 1987年10月 B5判 本文編272頁 図版編135頁 別添図4

大阪府泉南市に所在する法隆寺式伽藍配置をもつ寺院跡。講堂基壇下層より寺院造営に関連する瓦窯跡・鍛冶炉跡などが検出されている。鍍金を施した風鐸・相輪・導仏・如来座像・塑像なども検出されている。「海会寺遺跡の多角的検討」7篇が収録されている。

◆鳥居前古墳 大阪大学鳥居前古墳調査団刊 1987年3月 B5判 50頁

京都府乙訓郡大山崎町に所在する前期末古墳の保存・整備のための調査報告。古墳は帆立貝式古墳で，円筒埴輪などが検出され，葺石の石材に関する報告もなされている。

◆有岡城跡・伊丹郷町I―三井パークマンション建設に伴う発掘調査報告書― 大手前女子学園有岡城跡調査委員会刊 1987年10月 A4判 217頁

兵庫県伊丹市に所在する有岡城・伊丹郷町の第17次の調査報告。調査地区は惣構内東北部にあたり，伊丹城から有岡城期の溝・道路遺構，伊丹郷町期の建物跡・井戸・窯跡などが検出されている。

◆七つ圦古墳群 七つ圦古墳群発掘調査団刊 1987年10月 B5判 128頁

岡山市半田丘陵に位置する古墳群。第1〜3・5号墳（前方後方墳）の調査報告。1号墳は2基の竪穴

式石室，2号墳は列石状遺構，5号墳は粘土槨1基・箱式石棺1基を内蔵する。

◆瀬戸大橋建設に伴う埋蔵文化財調査概報（VIII）―下川津遺跡 II― 香川県文化財保護協会刊 1987年3月 A4判 136頁

坂出市川津町所在の弥生時代から室町時代にかけての遺跡群。弥生時代〜平安時代前半の住居跡・方形周溝状遺構・水田跡・蛸壺焼成土坑，平安時代後半〜室町時代の掘立柱建物跡などを検出。

◆八堂山遺跡II―埋蔵文化財調査報告書第25集― 愛媛県考古学協会刊 1987年7月 B5判 59頁

愛媛県の北東部，標高196mの八堂山に位置する高地性集落。昭和46年に調査が行なわれているが，今回検出された溝は，山頂の住居跡と付帯施設のみを区画したものと考えられる。

◆小田遺跡群I 玖珠町教育委員会刊 1987年3月 B5判 283頁

大分県玖珠郡玖珠町に所在する西田遺跡，中西遺跡，冷酒庵B・C遺跡の報告。弥生時代終末期〜古墳時代初頭の住居跡，関連施設と考えられる竪穴23基，古墳時代中〜後期の竪穴，中・近世の掘立建物跡などが検出されている。

◆八戸市博物館研究紀要 第3号 八戸市博物館（八戸市大字根城字東構35―1）1987年3月 B5判 27頁
甕三題……………………高島芳弘
根城廃城以後の建物について
　　　　　　　…………藤田俊雄

◆埼玉考古 第23号 埼玉考古学会（大宮市櫛引町2―499 埼玉県埋蔵文化財調査事業団内）1987年5月 B5判 161頁
前方後円墳成立期の地域性
　　　　　　　…………都出比呂志
「白幡本宿式」土器考―大宮台地に於ける縄文式晩期終末比定土器の系統再点検事始―
　　　　　　　…………鈴木正博
埼玉県北西部地方の櫛描文土器
　　　　　　　…………柿沼幹夫
川が結ぶ遺跡の一考察―外来系土

器を分析して………田部井功
農耕共同体について……大塚　実
塚の一考察………赤石光資
浦和市宿宮前遺跡出土の布目瓦
　………小宮山克己

◆土曜考古　第12号　土曜考古学
研究会（大宮市櫛引町2―499　埼
玉県埋蔵文化財調査事業団内）
1987年12月　B5判　105頁
前方後方墳―若干の考察
　………今井　堯
田戸下層式土器細分への覚書
　………領塚正浩
終末期古墳の地域性―関東地方の
加工石材使用石室の系譜―
　………田中広明

◆物質文化　第49号　物質文化研
究会（東京都豊島区西池袋 3―34
立教大学　学校・社会教育講座博
物館学研究室内）1987年9月　B
5判　70頁
平安時代の居住形態……土井義夫
　　　　　　　　　　　渋江芳浩
平安時代集落遺跡出土鏡の性格
　………菊池誠一
ヴェトナム出土の鉄状耳飾り
　………横倉雅幸

◆日本常民文化紀要　第13輯　成
城大学大学院文学研究科（東京都
世田谷区成城6―1―20　成城大学
大学院文学研究科内）　1987 年4
月　A5判　145頁
食大倉考―徳興里高句麗壁画古墳
の墓誌に関連して……佐伯有清

◆古代文化　第39巻第10号　古代
学協会（京都市中京区三条高倉通
三条上ル東片町 623）　1987 年 10
月　B5判　50頁
国府型ナイフ形石器の形態と技術
（上）………織笠　昭
来し方の記（2）………八幡一郎

◆古代文化　第39巻第11号　1987
年11月　B5判　52頁
寝殿造特輯号に寄せて…藤本孝一
寝殿造研究の展望………稲垣栄三
中国建築からみた寝殿造の源流
　………田中　淡
寝殿造の変遷及びその要因につい
て………飯淵康一
寝殿造の歴史像………川本重雄

◆古代文化　第39巻第12号　1987
年12月　B5判　50頁

パキスタン製『弥勒菩薩立像の贋
作方法に関する一考察―『ガン
ダーラ仏研究協議会』結論に対
する反論―………田辺勝美
国府型ナイフ形石器の形態と技術
（下）………織笠　昭
中エジプトにおけるローマ時代の
ランプ編年試論―アコリス遺跡
出土品を中心として…辻村純代

◆古代学研究　第 114 号　古代学
研究会（神戸市西区狩場台 4―14
―3）　1987 年9月　B5判　40頁
鶏の考古学＜シンポジウム＞
　　　　田名部雄一・坂　靖
　　　　東　靖・櫃本誠一
　　　　大野左千夫・宮田浩之
　　　　岡崎晋明・小野木裕子
　　　　近藤義行・森　浩一
　　　　高橋美久二・鈴木重治
　　　　寺沢　薫
湖西地域南部における群集墳の構
造と系譜（下）―熊ヶ谷古墳群測
量調査報告―………森下浩行
　　　　坂　靖・細川康晴
古代学を試掘する 4 ―踏み返し鏡
を何故作ったか………森　浩一

◆古代学研究　第 115 号　1987年
11月　B5判　42頁
線刻をもつ紡錘車―群馬県におけ
る事例を中心として―
　………井上唯雄
九州型横穴式石室考―畿内型出現
前・横穴式石室の様相―
　………森下浩行
和歌山県貴志川町所在平池第一号
古墳とその円筒埴輪
　………三宅正浩・河内一浩
武末純一「北九州市長行遺跡の孔
列土器」＜論文評＞
　………土生田純之
古代学を試掘する 5 ―立石配石墓
の立石の産地―………森　浩一

◆古代を考える　第46号　古代を
考える会（大阪市東住吉区桑津 3
―16―7　野上丈助方）1987年9
月　B5判　75頁
岡遺跡の検討―推定・近江国栗
太郡衙―
岡遺跡の発掘調査について
　………松村　浩
各地の官衙遺構からみた岡遺跡
　………山中敏史

木簡からみた郡衙の機能
　………鬼頭清明

◆考古学研究　第34巻第 3 号　考
古学研究会（岡山市津島中3―1―
1　岡山大学文学部内）1987年12
月　A5判　144頁
大王墓の系譜とその特質（上）
　………広瀬和雄
戊辰年銘大刀と装飾付大刀の編年
　………新納　泉
琉球―沖縄の考古学的時代区分を
めぐる諸問題（上）……安里　進
ミュケーナイ時代のハイド・タイ
プ粗銅………村上英之助
先土器時代遺跡の研究―個体の消
費及び石器の交換・譲渡からみ
た砂川遺跡形成の背景―
　………栗島義明
焼粘土塊と生粘土貯蔵穴
　………今井　堯
初期農耕集落の構造……出原恵三

◆貿易陶磁研究　第 7 号　日本貿
易陶磁研究会（太宰府市石坂 4―
7―1　九州歴史資料館内）　1987
年9月　B5判　154頁
堺環濠都市遺跡（SKT 47 地点）
SB 04 出土の陶磁器について
　………續伸一郎
大坂城惣構と下層遺構出土の陶磁
器………佐久間貴士
島根県富田城関連遺跡群出土の陶
磁………村上　勇
近世都市江戸の成立期における出
土陶磁器………古泉　弘
仙台城三の丸跡出土の陶磁器
　………佐藤　洋
"Witte Leeuw" 号の陶磁器
　………森村健一
瀬戸・美濃陶器の近世への変容
　………井上喜久男
肥前陶磁器の変遷………大橋康二
唐代北方白瓷と邢窯……葉　喆民
　　　　　　　　　　　堀内明博訳
Ceramics traded to Indonesia
during the early Qing
　………Barbara Harrison
（訳）清代初期のインドネシアに交
易された陶磁器………亀井明徳
ギメ美術館所蔵の北部ヴェトナム
出土の中国陶磁―晩唐から元ま
での碗・皿について―
　………森本朝子

■考古学界ニュース■

編集部編

───────九州地方

蓮華文様入り金銅装飾品（佐賀）
　佐賀県諸富町教育委員会が発掘調査をしていた佐賀県佐賀郡諸富町大字為重字石塚の石塚1号古墳（6世紀末）から蓮華文を施した金銅製装飾品3点が発見された。この装飾品は，直径7cmの円形の金銅に彫金したもので，素弁文に火炎文を施したものと単弁文の2種類が見られる。この装飾品は，布状のものにつけられていたと見られ，その用途については不明な点が多い。蓮華文は，588年百済国より渡来した瓦博士より伝えられた文様で仏教文化と深いつながりがあり，有明海沿岸の豪族たちが独自に仏教文化を取り入れていたことを示す重要な遺物として注目される。このほか，石室内より完全な形の鉄製挂甲（全国で2例目）・馬具（杏葉・辻金具ほか一式）・水晶の勾玉・管玉・切子玉・硝子小玉・太刀・刀子・鉄鏃などが発見された。とくに杏葉は偏円形のものに笹葉状のものを蝶番により連結したもので，大陸製と見られ注目される。

縄文早期の炉跡　九州横断自動車道の建設に伴って福岡県教育委員が発掘していた同県朝倉郡朝倉町菱野の原の東遺跡で先土器時代から奈良時代まで7層からなる文化層が発見され，とくに縄文時代早期の石組炉35基とそれに似た集石遺構10基が注目された。原の東遺跡は筑後川中流右岸にせり出した丘陵（標高50〜60m）の南面に広がり，石組炉は直径50cm〜1mのすり鉢状の穴に河原石を敷きつめていた。焼け石を投げ入れて蒸し焼きにしたらしい。6〜7グループほどに分かれ，時代を異にしている。この炉に伴う遺物としては押型文土器，石器など約5,000点を越えるが，住居跡はま

だみつかっていない。またこの下の層からは草創期の土器片（約1万年前），さらにこの下の層からナイフ形石器も出土した。

4世紀後半の前方後円墳　宗像市教育委員会は市内日の里3丁目の東郷高塚古墳を発掘調査していたが，このほど同地方でも最も古い4世紀後半の古墳であることがわかった。この前方後円墳は丘陵先端に位置し，前方部がほぼ北に向いており，全長64m，後円部径39m，前方部幅29mで，高さは後円部7m，前方部5m。墳丘は葺石を持たない。外堤は後円部のみを囲むように半円形に確認された。後円部西側の調査では墳裾から1.5mの高さで排水溝の末端を検出した。主体部は後円部中央に位置し，主軸と平行に縦8m，横5m，深さ2mの墓壙が掘られていた。墓壙の西側壁では階段状のテラスが1段設けられていた。埋葬主体は長さ7m，幅2m，厚さ1mの長大な粘土槨の中に，長さ5.4mの割竹形木棺が納まっていたものと考えられる。この木棺は両小口部に掘り込みをもっており，小口を別の棺材で組み合わせていたことがわかった。遺物は主体部盗掘壙から大型の二重口縁壺と鉄剣・鉄刀・鉄矛の破片・碧玉製の管玉が出土した。後円部からくびれ部の墳裾からは底部穿孔や頸部に突帯を巡らした土師器の壺が出土した。沖の島祭祀が始まったころの首長墓としてその関係が興味深い。

───────中国地方

高松城水攻めの毛利方城郭　天正10年（1582）に羽柴秀吉が岡山市高松の高松城（城主・清水宗治）を水攻めにした際に宗治を助け秀吉と戦った毛利（輝元）方の最前線基地となった城郭遺構が岡山市津寺の天神山（42m）で発見され，

岡山県古代吉備文化財センターが発掘調査を行なった。発掘の結果，山頂を中心に東西200m，南北50mの範囲に遺構が広がり，尾根を平らに削って建てた7棟の建物や幅30m，長さ40m，深さ12mのV字形の堀切（薬研堀），防御柵などがみつかり，中世の本格的な城の形をしていることがわかった。甫崎天神遺跡と名づけられたこの遺跡は高松城の南約2kmにあり，秀吉の本陣があった石井山も北東に一望できる。

金銅製双竜環頭大刀　岡山県北房町史編集委員会が発掘調査を行なっている上房郡北房町上中津井の大谷（おおや）1号墳から7世紀中頃〜後半の金銅製双竜環頭大刀（長さ1.1m）と用途不明の金銅製品（長さ10cm，幅7cm）が発見された。環頭大刀は全面金銅装の精巧なつくりのもの。柄の長さは17cmで渦巻文で飾られ，鞘の部分には連珠文がつけられていた。一方，金銅製品はスコップのような形をしているが柄の部分に木片が残っていることから，これまでに発見例はないが儀仗の先か柄頭とも推測されている。大谷1号墳は東西14m，南北10.5mの方墳で，墳丘には2段の外護列石がめぐり，さらに前面には2段の石垣を築く特殊構造。県下唯一の切石積横穴式石室（長さ6m）をもつ古墳時代終末期の古墳とみられている。

西谷3号墓から吉備製土器　島根大学考古学研究室が発掘調査を進めていた出雲市大津町の西谷3号墓で，墳丘頂部の西寄りの埋葬主体部上から吉備地方特有の特殊土器が多数出土した。西谷3号墓は弥生時代後期後半に築造された大型の四隅突出型墳丘墓で，第I期調査（58〜60年）で確認された東側の埋葬主体部は槨の中に棺をおさめるものであった。今回その

■考古学界ニュース■

すぐ西側から南北6m，東西4m余の隅丸長方形をなすほぼ同規模の主体部が発見され，しかもその上に供献された土器群には吉備地方から搬入された特殊壺と特殊器台が多数含まれていることがわかった。

──────────四国地方

弥生中期の高地性集落　松山市街地や海岸線を一望に見渡せる大峰台の山頂部南斜面（海抜120〜128m）から，弥生時代中期の建物跡が多数発見された。現場は，松山市が整備を進めている松山総合公園の一部で，松山市教育委員会が調査を行なった結果，弥生時代中期の壺や甕・石鏃・石斧・分銅型土製品などが出土した。斜面に立地するため，各所に斜面に直交する溝を掘り，土止めと思われる柵を設けている。円形で大型の竪穴住居2棟，小型の隅丸長方形竪穴住居11棟，掘立柱建物2棟のほか，柱穴約200基を検出した。これらの遺構は，すべて弥生時代中期中葉の短い期間に営まれたものである。

徳島県内最大の前方後円墳　徳島市教育委員会が宅地造成に伴う発掘調査を行なっていた市内渋野町三ツ岩の県史跡・渋野丸山古墳は全長約90m，前方部幅32m，同高7.2m，後円部径50m，同高10mの，県内でも最大の前方後円墳であることがわかった。三方を幅約17mの盾形の濠が巡り，古墳時代中期に築造されたとみられる。遺物としては円筒埴輪片10数点，盾形埴輪の破片数点のほか，弥生土器，古墳時代前期〜中期および平安時代以降の土師器など約500点の破片が出土した。また後円部からは葺石もみつかった。なお同墳では大正4年に当時の所有者が後円部周辺から円筒埴輪などを掘り出している。

荘園の建物跡　徳島県教育委員会が第4次の発掘調査を進めている徳島市名東町2丁目の名東遺跡（天神地区）で平安時代末期から鎌倉時代初頭ごろの荘園の大規模な建物跡がみつかった。遺構は直径50〜60cmの柱穴が2.4m間隔に並び，22m×10mほど（4間×10間）の建物跡とみられる。ほとんどの柱穴に結晶片岩の平らな石が礎石として用いられており，出土した土師質土器などから平安時代末期〜鎌倉時代初頭の遺構と推定される。康和2年（1100）の京都安楽寿院古文書，庄々所済日記に名東荘の名がみえることから，この荘園に伴う穀物保管の倉庫ではないかとみられる。また以前の調査でみつかった幅3.5m，深さ1.5mのV字の大溝が今回発見の建物跡に平行していることから，大溝によって区画された建物跡らしい。

──────────近畿地方

難波宮跡から焼けた倉庫群　大阪市文化財協会が発掘を進めている大阪市東区法円坂の国指定史跡・難波宮跡の隣接地から前期難波宮（7世紀後半）のころの火災で焼けた倉庫群が発見された。大極殿跡から約280m西側で発見された倉庫4棟は4間×3間の総柱・高床式。西側に3棟が南北一直線に並び，約50m東側に1棟が柱筋をそろえて出土した。柱は直径60cmあり，うち1棟は約70m²もの広さをもっていることや，近くに塀の跡も出土したことから大蔵省のようなものに関連する遺構とみられる。さらに柱の抜き取り穴にはいずれも焼土や炭化物が混じっており，『日本書紀』朱鳥元年（686）正月条にある大蔵省から出火の記事に相当するものと推定される。また内裏前殿の南東からは対辺約17.5mある八角形建物が

みつかった。47年と58年の調査で反対の西側でも同規模の遺構が発見されており，東西1対をなすことがわかった。

平安期のピットから冑形埴輪　河川の改修工事に伴って大阪府教育委員会が発掘調査を行なっていた藤井寺市古室の古室遺跡から5世紀前半の冑形埴輪がほぼ完全な形でみつかった。この埴輪は古墳時代前期から平安時代へかけての100基以上ある土壙墓群中にある1つのピット（平安後期）に埋め込まれていたもので，周囲の土壙墓は東西200m，南北10mの範囲に大きく4つの地層に重なって残っていた。下層の古墳時代のものは幅1m，長さ1.8mの長方形，上層の平安時代のものは一辺1〜1.5mの正方形で，さらに平安後期では直径30cmの円形になり，埋葬の方法も伸展葬から座位屈葬そして火葬へと変わっていく様子が知られた。冑形埴輪はそれらのうち，最も新しい地層でみつかり，長径30cm，短径27cm，高さ21cmの大きさのものであった。同遺跡の東約50mにある大鳥塚古墳に飾られていたものを平安時代の人が骨蔵器として使って土壙に埋めたものらしい。

周濠を伴う帆立貝式古墳　豊中市の新免遺跡の南端にあたる末広町3丁目のマンション建設予定地から6世紀前半の築造とみられる帆立貝式古墳が発見された。全長23mで，周囲に幅4m程度の濠をめぐらしている。埴輪や土器など約1,000点以上の破片が出土し，豊中市北部に分布する須恵器窯の経営に関係した中小豪族の墓とみられる。新免遺跡は阪急豊中駅の西側に広がる縄文時代から江戸時代にかけての複合遺跡で，これまで23次にわたって調査が行なわれ，弥生時代の集落跡に重なって古墳時代後期の集落跡がみつかっ

発掘調査

ている。

大仏建立期の木簡・銅塊 奈良市雑司町の東大寺大仏殿西南の西回廊わき傾斜地で休憩所建設に伴う発掘調査が橿原考古学研究所によって行なわれ，深さ約9mの奈良時代の地層から溶銅塊数十点とともに木簡226点などが発見された。解読された木簡は約100点で，縦48cm，横4.3cmととりわけ大きな木簡には（表）「薬院依仕奉人大伴部鳥上人正月□大伴部稲依入正月五日肥後国菊池郡□養郷人」（裏）「悲田悲□院□充大□不□未□□」とあった。施薬院や悲田院から大仏建立の現場に派遣された看護人らの身分証明書とみられる。そのほか上質の銅7.6トンを「宮」（光明皇后の皇后宮か）に対して請求するものや，鋳造に用いる溶鉱炉を示す「竈」の位置と番号を記した木簡もあった。また溶銅塊は大きいもので直径約20cmあり，炉が壊れて地上に流れて固まったものらしい。分析の結果，山口県長登銅山の銅鉱石と成分が似ていることがわかった。また鎌倉時代の土層からは一括投棄された形で瓦が大量に出土し，その中に興福寺と大安寺の軒丸瓦が混じっていた。回廊に使用されていた可能性が強く，工事の完成を急いで南都の諸大寺に瓦を要求したという文献（正倉院文書）を裏づけるものとして注目される。

平安前期の寝殿造跡 （財）京都市埋蔵文化財研究所が発掘を進めていた京都市下京区中堂寺南町の大阪ガス京都製造所跡で寝殿造とみられる平安時代前期の邸宅跡が発見された。現場は平安京の条坊図にあてはめると右京六条一坊五町で，掘立柱の規則正しい配置から，東西に長い建物が中央の南北に2棟，その東側に南北に長い建物が2棟，西側に1棟の計5棟確認された。また中央北の建物と東側の2棟が渡廊下で結ばれている

ことなどから寝殿造とわかった。中央南の建物が中心となる寝殿で，四面に庇をもち，東西5間，南北2間の規模。その他の建物は北対屋，東北対屋，東対屋，西対屋とみられる。ただ寝殿前にあるべき庭と池はすぐ南が六条大路にあたるためそのスペースがなく，寝殿造の様式が確立する前の段階と推定されている。この寝殿造の建物が建てられたのは9世紀半ばすぎのことで，一町の3分の2の区画を占めることから邸宅の主は四位以上の貴族とみられている。

二子塚古墳は今城塚と形態類似 宇治市教育委員会が発掘調査を進めている市内五ケ庄大林の二子塚古墳（前方後円墳）は6世紀前半の築造であることがわかった。二重の周濠を備えた墳丘の全長は予想より大きく110mを測り，直径約30cmの石を数百個使って厚さ約1mの基礎を固めた上に横穴式石室を構築していたらしい。また墳丘は高さ約12mあり，自然の小山を利用したものではなく，平地に土を盛り上げて築造していた。埴輪や須恵器片約100点が出土している。とりわけその形態が高槻市の今城塚古墳（6世紀前半，全長約180m，二重周濠）と類似し，大きさを3分の2にして築造された可能性があり，継体天皇との関連が注目される。

弥生中期の三重の環濠跡 守山市下之郷町の下之郷遺跡で守山市教育委員会による発掘調査が実施され，緩やかにカーブしながら東西に伸びる濠が約40mにわたって3条みつかった。濠はいずれも幅4〜6m，深さ1.2〜2mで，濠と濠の間は4〜6m。この環濠については，58年と59年，63年の発掘調査でも検出されていて，長径300m以内の楕円形状に巡るものと推測される。出土した土器から弥生時代中期後半に開掘されたことが

わかる。3条の濠のうちの1条には濠の縁に多数のピットがみられ，柵列などの構築が考えられる。濠からは石剣や，石鏃・弓などの狩猟具，鋤などの木製農具も多数みつかった。

――――――――中部地方

古墳〜平安の住居跡25軒 岐阜県吉城郡古川町教育委員会が発掘調査を進めていた同町高尾の上町（かんまち）C地点遺跡で古墳時代から奈良・平安時代にかけての竪穴住居跡25軒や竪穴状遺構2基，土坑11基，溝1本，土壙墓2基などが発見された。現場は古川盆地の中央部を南東から北西へ流れる宮川の右岸にあり，出土品として土師器，須恵器，石製品，瓦，古銭など約2万点が発見された。住居跡は約8mから3.5mの方形プランで，重複が多く，古墳時代以降の長い時期にかけて形成された集落とみられている。

愛知からも笠形木製埴輪 奈良県の四条，小墓古墳から大量に発見された木製埴輪と同じものが愛知県西春日井郡師勝町の能田旭古墳でも出土していたことが最近明らかになった。能田旭古墳は5世紀末から6世紀にかけて造られた全長43mの帆立貝式古墳で，昨年暮の第2次調査により古墳南東側の周濠から約100点の木製品を発見，うち約40点に加工の跡が認められた。内容は直径18〜30cmの蓋を模した笠形3点，しゃもじ形6点，凹形にえぐった板状品数点などで，とくにしゃもじ形や凹形の木製品は四条，小墓古墳ではみつかっていない。四条・小墓古墳の笠形木製埴輪が高野槙製であるのに対し，能田旭古墳のものは檜製である，などの違いはあるものの，型態的にはよく類似することから，畿内と同じ葬送儀礼がこの地方でも行なわれていたことをう

考古学界ニュース

かがわせる。

緑釉陶器の仏具 東大寺の初期荘園遺跡として知られる松任市の横江荘遺跡から9世紀後半を主とする緑釉陶器の仏具が出土した。現地は荘家跡（史跡指定地）から東へ約200mの水田中で、溝跡とみられる落ち込みから9世紀中葉〜11世紀までの大量の須恵器および土師器・製塩土器・砥石・ふいご羽口とともに出土している。仏具は緑釉陶器製の鉄鉢・三足盤・埦・須恵器の花器で、ほかに三彩（9世紀前葉か）・灰釉陶器・須恵器の瓦塔などがある。鉄鉢は須恵質の硬陶で、口径24cm、器高13cmで平安京周辺の窯のものとみられる。また三足盤は軟陶で明青緑色の釉調から愛知県猿投窯のものと推定される。口径23.5〜24cm、器高5.0〜5.5cmで、獣脚を持つ。ほぼ同規格のものが4個体分出土している。こうした仏具は、横江荘でも東大寺にならって国家鎮護の仏事法会が行なわれていた可能性を示している。横江荘遺跡では開発の進展に伴って昭和60年以降周辺部の調査が再開されているが、今回の発見は方2町と推定される倉院跡の確認調査によるもの。

―――――――――― 関東地方

縄文早・前期の貝塚 千葉市教育委員会が浜野川の改修工事に伴って62年6月から市内南生実町で発掘調査を続けていた低湿地遺跡・神門（ごうど）遺跡は縄文時代から近世に至るまでの各時代の植生・生活を知ることができる貴重な遺跡であることがわかった。これまでに出土したのは戦国時代の畦畔や平安時代の作業小屋跡、縄文時代早・前期の集落跡、炉跡などのほか、イノシシ・シカなどの獣骨やドングリ・クルミ・クリ・モモなどの種実類、ヒョウタンの

加工品、黒漆塗土器、赤彩土器、編み物製品（以上縄文時代）や奈良・平安時代の木製品（下駄・丸木弓ほか）など。とくに遺跡の中心をなす貝塚は厚さ2.6m、幅30mで、さらに調査地範囲外の北方の台地にのびている大きなもの。貝の種類もハマグリを主体にカキ・ハイガイが確認されている。時期は縄文早期末葉（茅山期）から前期（花積下層期、黒浜期）へかけてのもので、早期と前期の間のシルト層には自然貝が混じっていることから海進、海退の時期の解明に大きな手がかりを与えるものとして注目されている。

最古の前方後円墳？ （財）市原市文化財センターが発掘調査を行なっていた市内惣社の神門（ごうど）古墳群の3号墳は3世紀半ばの前方後円形をなす墳墓であることがわかった。かつて上総国分寺台遺跡調査団（滝口宏団長）によって発掘調査された4号墳、5号墳と合わせ同古墳群の3基は、いずれも高さ約3m、直径約30mの墳丘に前方部状の突出があり、周りに溝が掘られている。4号墳の墳丘はイチジクに似た形で前方部は台形状をなしている。また主体部は木棺を埋葬した跡があり、鉄剣と槍各1点、鉄鏃41点、管玉・ガラス玉など約500点が出土した。盛り土下の旧表土から発見された土器の測定から3世紀半ばの墳墓とみられている。なお、この古墳群の東北2kmには「王賜」銘鉄剣が出土した稲荷台1号墳がある。これらの墳墓を最古の前方後円墳とするか、それとも墳丘墓とみるかは意見のわかれるところである。

弥生後期〜平安の住居跡 水戸市教育委員会は元吉田第三住宅団地造成に伴う大鋸（おが）町遺跡を発掘調査していたが、先ごろ弥生時代後期から平安時代にわたる

住居跡40軒を発見した。出土した土器は弥生後期の十王台式から古墳時代の五領、和泉、鬼高、国分と続く各型式の土師器、さらに同時代後期以降の須恵器など。とくに弥生後期の十王台式から五領式に移行する新しい土器を発見した点で注目される。また縄文時代早期と後期の土器片も少量出土したほか、古墳時代後期のカマドを伴う住居跡からは鉄製鎌の一部や砥石、刀子なども発見された。

―――――――――― 東北地方

中世土豪の屋敷跡 鎌倉時代末から南北朝期にかけての土豪の住まいとみられる遺構が福島県伊達郡桑折町の土居ノ内遺跡から発見され、桑折町教育委員会が試掘調査を行なった。字名の「土居ノ内」から中・近世の遺構の存在が予想されていたが、発掘の結果、100基を越える掘立柱の穴や柱の礎石とみられる遺構、周囲をめぐる幅約3.5mの堀跡もみつかり、約60m四方とみられる中世の屋敷跡を確認した。また出土物としては漆を塗ったらしい木製品や古瀬戸水滴を含む陶器片が出土した。遺跡はグランド建設予定地にあたるため6〜8月に本調査が行なわれる。

旧石器時代の焚火跡 仙台市教育委員会が発掘調査を行なっていた仙台市長町南4丁目の富沢遺跡で、2万年以上前の後期旧石器時代の生活跡を示す焚火の跡と一緒に石器52点と数百本もの樹根と樹木、多数の種子などがみつかった。現場は海抜7mの埋没地形で、旧石器時代のこうした立地は全国的にも珍しい。焚火の跡は2m四方に広がり、その中心部には長さ5cmほどの棒状の炭が埋まっていた。石器はハンマーストーンやナイフ形石器などがあり、接合資料も存在することから石器製作場

だったとみられる。一方，樹木は最大で直径約50mもあり，根を広げた大木幹を含め，調査区 1,400 m² の拡張区からも数百本の樹根や樹木，樹木片が出土しており，打痕のある木製品が出土する可能性もでてきた。なお，その後の調査により昆虫類数十点，トウヒ属の毬果や木の葉が多量に出土している。また樹林帯の森床からは糞状物質も 4 地点から発見され，分析の結果シカ属の動物（ヘラジカ？）の糞であることが解明されている。

——学会・研究会・人の動き

日本考古学協会第54回総会 4月30日，5月1日の両日，埼玉県産業文化センターを会場に開催された。研究発表は以下の通り。

館野　孝：日本における「前期旧石器」研究の現状

小野　昭・野尻湖発掘調査団：長野県野尻湖底立が鼻遺跡第10次発掘の骨器

栗島義明：砂川先土器時代遺跡の構造

木村俊彦・中島　宏：埼玉県滑川町打越遺跡の発掘調査

梁木　誠・赤石澤亮・大塚雅之・神野安伸：栃木県宇都宮市聖山公園（根古谷台）遺跡の調査

菊池　実：縄文時代中期末の環状列石・配石遺構群の調査

須藤　隆・高橋　理・佐々木努・富岡直人：北上川下流域における貝塚調査

橋口尚武・石川久明：埼玉県入間郡越生町所在夫婦岩岩陰遺跡の発掘調査

芳賀英一・小林雄一・丹野隆明：福島県会津若松市一ノ堰B遺跡における弥生中期土坑墓群の調査

新田栄治：東北タイ・ムン川流域の先史時代製塩・製鉄

江藤　昭：神奈川県厚木市における前期吾妻坂古墳について

西藤清秀・林部　均：橿原市四条古墳の調査

土井義夫・渋江芳浩：古墳時代集落遺跡の二つのあり方

西谷真治・置田雅昭：ニゴレ古墳出土遺物の検討

木本元治・福島雅儀・中山正彦：福島県善光寺窯跡群

大塚昌彦：火山災害と古墳時代集落遺跡について

樫村友延：福島県いわき市番匠地遺跡について

木下正史・大脇　潔：奈良県飛鳥石神遺跡（第7次）の調査

安田龍太郎：藤原宮内裏東外郭・東方官衙地域と宮西南辺地域の発掘調査

小林謙一：長屋王邸宅跡の調査

中村信幸・立松　宏：焼成室内の複数分焔柱について

菅原正明：和歌山県根来寺の甕倉

広瀬和雄・寒川　旭・藤永正明：遺跡から発掘された地震跡

なお今回委員長の改選が行なわれ，新会長（委員長を名称変更）に江上波夫東大名誉教授，副会長に大塚初重明大教授 が選出された。

山梨文化財研究所研究会 山梨文化財研究所（山梨県東八代郡石和町四日市場1566,谷口一夫所長）は 6 月26日，研究所講義室において第 1 回公開研究会を開催した。研究発表は次の通り。

櫛原功一・河西　学：八ヶ岳南麓地域とその周辺地域における縄文時代中期末土器群の胎土分析

宮沢公雄：鉄製柄付手斧について

保坂康夫：山梨県下における古代前半のロクロ整形土師器甕をめぐって

外山秀一：遺跡の立地環境の復原

また，同研究所は中世城郭研究会との共催で 8 月 6 日〜 8 日の 3日間，第 5 回中世城郭セミナーを開催する。シンポジウムのテーマは「戦国城下町と城」。

東博でこの秋特別展開催 東京国立博物館は10月 4 日（火）から11月13日（日）まで，特別展「日本の考古学一歩みとその成果（仮称）」を開催する。同展は 先縄文時代から歴史時代まで，日本の考古学史上重要な発見・発掘品を中心に考古学史をふまえて各時代の問題点をとりあげ展示するもので，出品されるのは約 300 件。各時代の主なテーマとなるのは，先縄文時代では編年と初期の石器文化の追究，縄文時代は縄文文化の起源，土器の変遷，工芸技術の発達，呪術，弥生時代は稲作の伝来と伝播，金属器の問題，墓制，古墳時代は前期古墳の問題，円筒埴輪の成立，鏡，土師器と須恵器，鉄，中期古墳の問題，装身具，象嵌銘大刀，祭祀遺跡，形象埴輪，終末期古墳の問題，大陸との関係，歴史時代では寺院，墳墓，経塚などの宗教関係と都城，地方官衙，鋳銭司，文字資料などの官衙関係資料である。

人の動き（順不同，新任分）

亀井正道氏　日本大学文理学部教授

小田富士雄氏　福岡大学人文学部教授

鬼頭清明氏　東洋大学文学部教授

西野　元氏　筑波大学歴史・人類学系助教授

亀井明徳氏　専修大学文学部助教授

石部正志氏　宇都宮大学教養部助教授

家根祥多氏　立命館大学文学部助教授

岡本孝之氏　慶応義塾大学医学部進学課程助教授

安孝孝一氏　東京国立博物館考古課主任研究官

■第25号予告■

特集　縄文・弥生の漁業

1988 年 10 月 25 日発売
総 112 頁　　1,800 円

縄文・弥生時代の漁業……………………渡辺　誠
チョウザメ漁の錨石……………………杉浦重信
噴火湾沿岸の回転式離頭銛…………大島直行
いわき地方の釣針と銛……………大竹憲治
那珂川流域の漁網錘……………………上野修一
三浦半島の弥生時代の漁具…………神沢勇一
愛知県朝日遺跡のヤナ…………………田中禎子
北陸地方の漁網錘………………………山本直人
兵庫県玉津田中遺跡のイイダコ壺と
　　　マダコ壺…………………………中川　渉
西北九州の石鋸…………………………山崎純男
南九州の貝塚と漁具……出口　浩・雨宮瑞生
南西諸島の貝製漁網錘…………………盛本　勲

＜連載講座＞　日本旧石器時代史　10
　特別対談・旧石器から縄文へ
　　………岡村道雄・林　謙作
＜講　　座＞　考古学と周辺科学13―民族学
　　　　　　　　　　　　　　　　　大塚和義
＜調査報告＞　奈良市東大寺境内遺跡
　　　　　　………………………中井一夫
＜書　　評＞
＜論文展望＞
＜報告書・会誌新刊一覧＞
＜考古学界ニュース＞

編集室より

◆本号で24号を数えますので，はや満6年が過ぎようとしているわけです。常に新しい気持でやっているのですが，人間の行ないとい, うのは，ともすれば知らず知らずマンネリ化を辿りますので，皆様の絶えざるご指導をお願いしなければなりません。何卒倍旧のご鞭撻を懇願申し上げます。

さてそのような事の反省もあって，少し現実の情報を密にいたしたく，人事移動，研究会活動，発掘ニュース，新刊報告書発刊などの「ニュース告知版」を新設し，前号からハガキも貼付いたしました。何卒ご利用下さいますようお願い申し上げます。　　　　（芳賀）

◆本号にははるか奈良・平安時代までも生命を保つ土師器と須恵器を古墳時代の範囲に区切って展望した。2つの土器を通して古墳時代の社会をよもうというわけである。土師器と須恵器は多くの点でその性格を異にしているが，古墳ではどういう出土状態を示し，集落間ではどういうふうに土器が動いていくか，さらに2つの土器がどう使いわけされているかなど興味はつきない。古墳時代の土器の研究は今後ますます精緻さを加えるものと思われるがその背景には多くの問題を孕んでいる。　　　　（宮島）

本号の編集協力者──中村　浩（大谷女子大学助教授）

1947年大阪府生まれ。立命館大学卒業。「陶邑」Ⅰ～Ⅲ，「和泉陶邑窯の研究」「須恵器」「古代窯業史の研究」などの編著がある。

望月幹夫（東京国立博物館主任研究官）

1948年神奈川県生まれ。筑波大学大学院博士課程修了。「古墳時代における地域社会の一様相」（東京国立博物館紀要22）「古墳の知識Ⅱ」（共）などの論文・著がある。

■本号の表紙■

仁徳陵古墳と高槻市岡本山Ａ3号墳出土の土器

世界最大の規模をもつ仁徳陵（大山）古墳には須恵質の埴輪がすでに使用されているという。陵墓のため調査は行なわれていないが，おそらくは岡本山Ａ3号墳のような陶質土器あるいは須恵器を伴っていると考えられる。

岡本山Ａ3号墳は大阪府高槻市で調査された古墳時代中期の古墳で，木棺直葬の主体部から陶質土器のほか，土師器・長方板革綴短甲・鉄直刀・盾などが出土している。陶質土器には器台・高杯・𤭯・壺，土師器には壺・高杯がある。（仁徳陵古墳写真は大谷女子大学資料館，土器は高槻市教育委員会提供）　　　　（中村　浩）

▶本誌直接購読のご案内◀

『季刊考古学』は一般書店の店頭で販売しております。なるべくお近くの書店で予約購読なさることをおすすめしますが，とくに手に入りにくいときには当社へ直接お申し込み下さい。その場合，1年分の代金（4冊，送料は当社負担）を郵便振替（東京3-1685）または現金書留にて，住所，氏名および『季刊考古学』第何号より第何号までと明記の上当社営業部までご送金下さい。

季刊 考古学　第24号　　　　1988年8月1日発行
ARCHAEOLOGY　QUARTERLY　　　　定価 1,800 円

編集人　芳賀章内
発行人　長坂一雄
印刷所　新日本印刷株式会社
発行所　雄山閣出版株式会社
　　　　〒102　東京都千代田区富士見 2-6-9
　　　　電話 03-262-3231　　振替　東京 3-1685
（1988年1月より1年半の間は次の住所です。〒162　東京都新宿区白銀町20）
　ISBN 4-639-00734-5　printed in Japan

季刊 考古学　オンデマンド版　第 24 号　1988 年 7 月 1 日　初版発行
ARCHAEOROGY　QUARTERLY　　　　　　　　　2018 年 6 月 10 日　オンデマンド版発行

定価（本体 2,400 円＋税）

編集人　　芳賀章内

発行人　　宮田哲男

印刷所　　石川特殊特急製本株式会社

発行所　　株式会社　雄山閣　http://www.yuzankaku.co.jp

〒 102-0071　東京都千代田区富士見 2-6-9

電話 03-3262-3231　FAX 03-3262-6938　振替　00130-5-1685

◆本誌記事の無断転載は固くおことわりします　　ISBN 978-4-639-13024-6　Printed in Japan

初期バックナンバー、待望の復刻 !!

季刊 考古学 OD　創刊号～第 50 号〈第一期〉

全 50 冊セット定価（本体 120,000 円＋税）　セット ISBN：978-4-639-10532-9

各巻分売可　各巻定価（本体 2,400 円＋税）

号　数	刊行年	特　集　名	編　者	ISBN（978-4-639-）
創刊号	1982 年 10 月	縄文人は何を食べたか	渡辺 誠	13001-7
第 2 号	1983 年 1 月	神々と仏を考古学する	坂詰 秀一	13002-4
第 3 号	1983 年 4 月	古墳の謎を解剖する	大塚 初重	13003-1
第 4 号	1983 年 7 月	日本旧石器人の生活と技術	加藤 晋平	13004-8
第 5 号	1983 年 10 月	装身の考古学	町田 章・春成秀爾	13005-5
第 6 号	1984 年 1 月	邪馬台国を考古学する	西谷 正	13006-2
第 7 号	1984 年 4 月	縄文人のムラとくらし	林 謙作	13007-9
第 8 号	1984 年 7 月	古代日本の鉄を科学する	佐々木 稔	13008-6
第 9 号	1984 年 10 月	墳墓の形態とその思想	坂詰 秀一	13009-3
第 10 号	1985 年 1 月	古墳の編年を総括する	石野 博信	13010-9
第 11 号	1985 年 4 月	動物の骨が語る世界	金子 浩昌	13011-6
第 12 号	1985 年 7 月	縄文時代のものと文化の交流	戸沢 充則	13012-3
第 13 号	1985 年 10 月	江戸時代を掘る	加藤 晋平・古泉 弘	13013-0
第 14 号	1986 年 1 月	弥生人は何を食べたか	甲元 真之	13014-7
第 15 号	1986 年 4 月	日本海をめぐる環境と考古学	安田 喜憲	13015-4
第 16 号	1986 年 7 月	古墳時代の社会と変革	岩崎 卓也	13016-1
第 17 号	1986 年 10 月	縄文土器の編年	小林 達雄	13017-8
第 18 号	1987 年 1 月	考古学と出土文字	坂詰 秀一	13018-5
第 19 号	1987 年 4 月	弥生土器は語る	工楽 善通	13019-2
第 20 号	1987 年 7 月	埴輪をめぐる古墳社会	水野 正好	13020-8
第 21 号	1987 年 10 月	縄文文化の地域性	林 謙作	13021-5
第 22 号	1988 年 1 月	古代の都城―飛鳥から平安京まで	町田 章	13022-2
第 23 号	1988 年 4 月	縄文と弥生を比較する	乙益 重隆	13023-9
第 24 号	1988 年 7 月	土器からよむ古墳社会	中村 浩・望月幹夫	13024-6
第 25 号	1988 年 10 月	縄文・弥生の漁撈文化	渡辺 誠	13025-3
第 26 号	1989 年 1 月	戦国考古学のイメージ	坂詰 秀一	13026-0
第 27 号	1989 年 4 月	青銅器と弥生社会	西谷 正	13027-7
第 28 号	1989 年 7 月	古墳には何が副葬されたか	泉森 晈	13028-4
第 29 号	1989 年 10 月	旧石器時代の東アジアと日本	加藤 晋平	13029-1
第 30 号	1990 年 1 月	縄文土偶の世界	小林 達雄	13030-7
第 31 号	1990 年 4 月	環濠集落とクニのおこり	原口 正三	13031-4
第 32 号	1990 年 7 月	古代の住居―縄文から古墳へ	宮本 長二郎・工楽 善通	13032-1
第 33 号	1990 年 10 月	古墳時代の日本と中国・朝鮮	岩崎 卓也・中山 清隆	13033-8
第 34 号	1991 年 1 月	古代仏教の考古学	坂詰 秀一・森 郁夫	13034-5
第 35 号	1991 年 4 月	石器と人類の歴史	戸沢 充則	13035-2
第 36 号	1991 年 7 月	古代の豪族居館	小笠原 好彦・阿部 義平	13036-9
第 37 号	1991 年 10 月	稲作農耕と弥生文化	工楽 善通	13037-6
第 38 号	1992 年 1 月	アジアのなかの縄文文化	西谷 正・木村 幾多郎	13038-3
第 39 号	1992 年 4 月	中世を考古学する	坂詰 秀一	13039-0
第 40 号	1992 年 7 月	古墳の形の謎を解く	石野 博信	13040-6
第 41 号	1992 年 10 月	貝塚が語る縄文文化	岡村 道雄	13041-3
第 42 号	1993 年 1 月	須恵器の編年とその時代	中村 浩	13042-0
第 43 号	1993 年 4 月	鏡の語る古代史	高倉 洋彰・車崎 正彦	13043-7
第 44 号	1993 年 7 月	縄文時代の家と集落	小林 達雄	13044-4
第 45 号	1993 年 10 月	横穴式石室の世界	河上 邦彦	13045-1
第 46 号	1994 年 1 月	古代の道と考古学	木下 良・坂詰 秀一	13046-8
第 47 号	1994 年 4 月	先史時代の木工文化	工楽 善通・黒崎 直	13047-5
第 48 号	1994 年 7 月	縄文社会と土器	小林 達雄	13048-2
第 49 号	1994 年 10 月	平安京跡発掘	江谷 寛・坂詰 秀一	13049-9
第 50 号	1995 年 1 月	縄文時代の新展開	渡辺 誠	13050-5

※「季刊 考古学 OD」は初版を底本とし、広告頁のみを除いてその他は原本そのままに復刻しております。初版との内容の差違は
　ございません。

「季刊 考古学　OD」は全国の一般書店にて販売しております。なるべくお近くの書店でご注文なさることをおすすめしますが、とくに手に入り
にくいときには当社へ直接お申込みください。

ISBN978-4-639-13024-6　C0321　¥2400E

（株）雄山閣
定価（本体 2400円+税）